Salate

leicht · knackig · frisch

SCHÄTZE VOM FELD

MATTHIAS F. MANGOLD

Salate

leicht · knackig · frisch

SCHÄTZE VOM FELD

MATTHIAS F. MANGOLD

FOTOS VON ALEXANDER WALTER

KOSMOS

SALATE

Der aromatische Start in die Saison: Mit dem
Frühjahr kommt die Zeit erster zarter Blattsalate,
frischer Kräuter und bunter Blüten. Prima für
die Optik, toll für den Geschmack! Erfreuen Sie
sich an wunderbar leichten Kombinationen.

Gemüse und Früchte aus der Sonne geboren.
Die Kraft des Sommers steckt in diesen Grundzutaten, die – am besten direkt vom Garten auf
den Tisch – vor Aroma nur so strotzen.

UND HIER SEHEN SIE ES GANZ GENAU.

DAS IST *wirklich* WICHTIG

DARAUF KOMMT'S AN! Hier erläutern wir alles, was zum Gelingen des Rezepts wirklich wichtig ist. Wo es sinnvoll ist, mit Bild, sonst auch ohne.

DA HABEN WIR DEN SALAT
Garantiert für jeden etwas dabei

„WENN NICHTS MEHR GEHT, GEHT IMMER NOCH EIN SALAT." WAS WIE EINE NOT-LÖSUNG KLINGT, IST EIN UNERSCHÖPFLICHER GENUSSFAKTOR MIT UNENDLICH VIELEN KOMBINATIONSMÖGLICHKEITEN DURCH ZUTATEN, DRESSINGS UND ZUBEREITUNGSARTEN. WETTEN DASS…?

AN SALAT SCHEIDEN SICH DIE GEISTER

Die einen fordern „Esst mehr Salat!" und verweisen auf gesunde Ernährung. Die anderen halten entgegen, dass sie sich als Spezies nicht an die Spitze der Evolution gekämpft haben, um dann einen Salatteller zu bestellen. Beiden kann geholfen werden: Denn Salat müssen nicht ein paar fade grüne Blätter sein, die in einer sauren Sauce baden. Das geht wesentlich spannender und geschmackvoller!

AUS DER NATUR UND RUND UM DIE WELT

Deshalb lege ich einen Schwerpunkt auf Wildkräutern, die saisonal immer wieder neue und abwechslungsreiche Möglichkeiten bieten. Man kann sie inzwischen gut über den Gemüsehändler und auch über das Internet beziehen. Aber vielleicht trauen Sie sich ja auch – möglicherweise nach einem Wildkräuterseminar – hinaus in die Natur und pflücken selbst.

Außerdem möchte ich Sie auf eine kulinarische Entdeckungsreise durch Länder und Kontinente mitnehmen: Schmecken Sie die unterschiedlichsten Zutaten und Zubereitungsweisen, leichte Begleiter und vollwertige Mahlzeiten, einfache Bauernrezepte und raffinierte Ideen aus der Sterneküche.

ALLES DARF, NICHTS MUSS

Dabei habe ich großen Wert darauf gelegt, alle Rezepte so zu gestalten, dass Sie sie selbst in Ihrer Küche zubereiten können. Und ich möchte Sie ermutigen, innovativ und kreativ mit den Rezepten Umzugehen. Es macht nichts, wenn Sie eine Zutat nicht zur Hand haben und deshalb durch eine andere ersetzen – sicher kommt etwas neues, ganz individuelles dabei heraus. Und so ist es auch mit den Mengenangaben: Die Rezepte sind für jeweils vier Portionen gedacht, doch hängt die richtige Menge sehr davon ab, ob Sie einen Salat als Beilage, Snack oder Hauptgericht verstehen. Entscheiden Sie selbst…

ZART & BUNT
Aromatischer Saisonstart

NEUES JAHR, NEUES GLÜCK: MIT DEM ERWACHEN DES FRÜHJAHRS KOMMT DIE ZEIT DER ERSTEN KRÄUTER UND BLÜTEN – PRIMA FÜR DIE OPTIK, TOLL FÜR DEN GESCHMACK! NUTZEN SIE DIE GELEGENHEIT FÜR HERRLICH ZARTE KOMBINATIONEN.

GEHT RUNTER WIE ÖL
und ist alles andere als Essig

DAS IST INZWISCHEN NICHTS NEUES MEHR: BEI ÖLEN
FÜR SALATE AUF GUTE QUALITÄTEN ZU ACHTEN MACHT
WIRKLICH SINN. UND DASS AUCH ESSIG MEHR KANN ALS
NUR SAUER, WISSEN WIR SPÄTESTENS, SEIT DER MILDE,
ABER GESCHMACKVOLLE ACETO BALSAMICO UNSERE
KÜCHEN EROBERT HAT.

Man schmeckt den Unterschied zwischen spa-
nischen, italienischen und griechischen Oliven-
ölen. Aber auch zwischen den Regionen wie
Ligurien, Toskana, Kreta oder Andalusien. Und
immer gilt: erste Pressung, kalt gepresst, ist
das Maß der Dinge.

AUF DIE FEINHEITEN ACHTEN

Seien Sie misstrauisch, wenn Ihnen „extra
vergine" für weniger als fünf Euro pro Liter
angeboten wird – das ist nicht realistisch.
Ein ertragreicher Baum liefert im Jahr etwa
25 kg Oliven. Sehr gute Öle haben eine Extrak-
tionsrate (also das, was nach dem schonenden
Pressen übrig bleibt) von vielleicht 15 Pro-
zent, also nicht einmal vier Liter Öl aus diesen
25 kg. Da kann doch etwas nicht stimmen…

GROSSE AUSWAHL

Doch es sollte nicht alleine beim Olivenöl bleiben. Trauben- und Kürbiskernöl haben einen sehr intensiven, vielleicht gewöhnungsbedürftigen Geschmack, aber sie bereichern richtig eingesetzt dadurch auch viele Salate. Sesam-, Soja-, Sonnenblumen-, Raps- oder Erdnussöl wiederum sind geschmacklich eher neutral und daher universell verwendbar.

EINE NEUE WELT

Bei Essig macht man sich eher weniger Gedanken – ein großer Fehler. Georg Heinrich Wiedemann vom Doktorenhof im pfälzischen Venningen hat mit seinem Unternehmen eine große kulinarische Lücke geschlossen. Essig bekommt einen ganz neuen Platz in der Küche zugewiesen: Er soll nicht nur sauer machen, sondern Geschmack verleihen! An die 40 Aperitif- und Digestifessige, aber auch ganz alltägliche Küchenessige hat er im Angebot.

AUSPROBIEREN, WAS GEFÄLLT

Das Besondere an Wiedemanns Essigen ist deren langsame, handwerkliche Entstehung. Jünger als vier Jahre verlässt kein Essig das Haus. Alles reift in alten Eichenfässern, und die Trinkessige werden am Ende mit Kräutern, Früchten, Gewürzen, Blüten oder Wurzeln aromatisiert. Auch für Salate eröffnen sich neue Möglichkeiten: Der milde „Engel küssen die Nacht" etwa lockt mit Sauerkirschen, Vanille, Aprikosen und Feigen, „Giacomo Casanova" trägt die Würze mediterraner Kräuter und der „Vierräuber-Balsam" ist kräftig und dunkel. Lust, es auszuprobieren? Dann einfach mal auf www.doktorenhof.de schauen.

LÖWENZAHNSALAT
mit Eiern und Speck

OFT FALLEN OSTERN UND DIE BESTE LÖWENZAHNZEIT ZUSAMMEN. GRUND GENUG, DAS GEMEINSAM AUF EINEN TELLER ZU BRINGEN.

Zutaten für 4 Portionen

3 Eier

700 g junge Löwenzahnblätter

100 g geräucherter Speck

80 g Bauernbrot

50 g Pinienkerne

20 ml Kräuteressig

40 ml Olivenöl

Pfeffer aus der Mühle

Salz

1 Prise Zucker

1 TL grobkörniger Senf

Zeitbedarf
· 25 Minuten

So geht's

1. In einem kleinen Topf mit Wasser drei Eier in zehn Minuten hart kochen. Abgießen, abschrecken, pellen und kurz ruhen lassen.

2. Löwenzahnblätter putzen: Blütenrückstände und eventuell Grashalme aussortieren. Eine große Schüssel zur Hälfte mit Salzwasser füllen und darin die Blätter für ein paar Minuten einlegen [→ a]. Danach den Löwenzahn in einer Salatschleuder trocken schleudern.

3. Den Speck würfeln, ebenso das Bauernbrot. Eine Pfanne mäßig erhitzen. Zunächst den Speck langsam auslassen. Ist er leicht kross, die Brotwürfelchen hinzufügen und ebenfalls anbraten. Auf einen mit Küchenkrepp ausgelegten Teller abgießen und abtropfen lassen.

4. In einer weiteren Pfanne ohne Öl die Pinienkerne erwärmen, aber nicht wirklich anbräunen [→ b]. Die Eier grob hacken. Essig, Öl, Pfeffer, Salz, Zucker und Senf verrühren oder alles in einem Schraubglas gut durchschütteln.

5. In einer großen, flachen Schüssel die Löwenzahnblätter anrichten und mit der Vinaigrette übergießen. Speck- und Brotwürfel darübergeben, dann die gehackten Eier und schließlich die Pinienkerne. Locker vermischen und sogleich servieren.

LÖWENZAHN Je nach jahreszeitlichem Witterungsverlauf sind junge Löwenzahnblätter zwischen Anfang und Mitte/Ende April besonders zart, auf diese sollten Sie es beim Sammeln absehen. Dann hat sich in ihnen noch nicht so viel vom bitteren Milchsaft gebildet. Es gibt Löwenzahnblätter auch fertig gebleicht zu kaufen. Dann sollten Sie auf Tagesfrische achten.

DAS IST *wirklich* WICHTIG

[a] IN SALZWASSER LEGEN Das Salzwasser entzieht den Löwenzahnblätter einen Teil der Bitterstoffe, so dass sie später im Salat angenehmer und etwas milder schmecken.

[b] PINIENKERNE wirklich nur erwärmen. Werden sie braun, dann sind sie schon bitter und können das ganze Gericht verderben. Wir wollen nur die ätherischen Öle ein wenig hervorlocken, sonst nichts. Dies gilt übrigens für alle Nüsse.

DAS IST *wirklich* WICHTIG

[a] SPARGEL SCHÄLEN Beim weißen Spargel das untere Ende fast ganz abschneiden und dann mit der Schale nach oben ziehen – so merkt man am besten, wie weit man schälen muss. Dann die Stange entsprechend von oben nach unten schälen.

[b] GARPROBE Probieren Sie schon nach 8 Minuten Kochzeit beide Spargelsorten, um den Gargrad zu überprüfen. Lieber etwas zu knackig als zu verkocht – vor allem grüner Spargel darf stets noch einen Tick bissfester sein.

[c] GARPROZESS STOPPEN geben Sie die bissfest gegarten Spargel direkt in Eiswasser, damit der Garprozess gestoppt wird. Nur so bleiben die Spargel auch wirklich bissfest und garen nicht mehr nach.

[d] BLÄTTCHEN ABSTREIFEN Beim Zitronenthymian tun Sie sich leichter, wenn Sie ihn gegen die Wuchsrichtung, also von oben nach unten, abziehen. So entledigt man sich rasch der dickeren Zweigteile. Dünnere Zweiglein werden einfach mit klein gehackt.

[a]

[c]

SPARGELSALAT GRÜN-WEISS
mit Bärlauch

SPARGEL MIT BÄRLAUCH AUS DEM EIGENEN GARTEN WUSSTE ANGEBLICH SCHON
GOETHE ZU SCHÄTZEN. DAS URSPRUNGSREZEPT GEHT AUF IHN ZURÜCK.

Zutaten für 4 Portionen

400 g weißer Spargel

400 g grüner Spargel

2 TL Zucker

etwas Essig für das
Kochwasser

1 Beet Kresse

2 Zweige Zitronenmelisse

einige Zweige Zitronen-
thymian

1 Handvoll Bärlauchblätter

70 ml Pflanzenöl

35 ml heller Weinessig

20 ml Riesling

Salz

Pfeffer aus der Mühle

1 Prise Muskat

Zeitbedarf
• 30 Minuten +
  10 Minuten kochen

So geht's

1. Einen großen Topf mit Wasser aufsetzen und das
Wasser zum Kochen bringen. Den weißen Spargel
ganz [→ a], den grünen Spargel nur im unteren
Drittel schälen. Oder – wenn es schnell gehen
muss – hier einfach das untere Drittel abbrechen.

2. Ins siedende Wasser 2 TL Zucker und einen
Schuss Essig geben. Nun zunächst den weißen
Spargel hineingeben, nach 5 Minuten auch den
grünen. Nach weiteren 5 Minuten sind beide
Spargelsorten bissfest gegart [→ b]. Mit einer
Schaumkelle die Spargel aus dem Wasser heben
und in kaltes Salzwasser – evtl. sogar mit ein
paar Eiswürfeln darin – legen [→ c].

3. Die Kresseblättchen vom Beet schneiden. Die
Blättchen von Zitronenmelisse und -thymian [→ d]
von den Zweigen streifen und zusammen mit
dem Bärlauch hacken. Kresse, Zitronenthymian,
Bärlauch und Zitronenmelisse hacken. Aus Öl,
Essig, Weißwein und den Kräutern eine Vinaigrette
rühren. Mit Salz, Pfeffer und einem Hauch Muskat abschmecken.

4. Den Spargel aus dem Eiswasser heben und gut
abtropfen lassen. In eine Schüssel geben und mit
der Vinaigrette beträufeln. Durchmischen, etwas
ziehen lassen und servieren.

Baguette macht sich gut dazu, um auch die Sauce
zu genießen, die vom Teller getunkt werden darf.

Die Variante

Cremiges Kräuterdressing
Anstatt der Vinaigrette
schmeckt auch ein leicht
cremiges, kräuterwürziges
Dressing zum Spargelsalat.
Hierfür einfach die gleichen
Kräuter wie im Rezept in
2 TL Schmand einrühren.
30 ml Weißwein, 20 ml Essig,
etwas Pfeffer und Salz
dazugeben und mit einer
Gabel gut verquirlen.

GRÜNER SPARGELSALAT
mit Sojavinaigrette und Avocado

EINE KOMBINATION, DIE BESONDERS DURCH DAS TRÜFFELÖL IN EINE RICHTUNG GEHT, DIE MAN VON SPARGEL SO SONST NICHT ERWARTET.

Zutaten für 4 Portionen

1 TL Trüffelöl

1 EL Sojasauce

2 EL Zitronensaft

4 EL Olivenöl

Pfeffer aus der Mühle

Salz

1 reife Avocado

200 g Champignons

2 Frühlingszwiebeln

500 g grüner Spargel

1 Kopf Batavia

40 g Parmesan

Zeitbedarf
· 30 Minuten

So geht's

1. Für das Dressing das Trüffelöl mit der Sojasauce, dem Zitronensaft, Olivenöl, Pfeffer und wenig Salz in einem geeigneten Gefäß mit dem Stabmixer oder einem Schneebesen aufschlagen, bis es sämig ist.

2. Avocado entkernen, aus der Schale lösen und in schmale Streifen schneiden. Den Kern dazulegen, so wird die Avocado nicht braun. Die Champignons säubern, Stiele am Ansatz abschneiden und in Scheibchen schneiden. Frühlingszwiebeln putzen und den zarten Teil in feine Ringe schneiden.

3. Spargel im unteren Drittel schälen oder diesen Teil einfach abbrechen. Die Stangen dann schräg in Stücke von 3 cm Länge schneiden. In kochendem gesalzenem Wasser in 5 Minuten bissfest garen.

4. Währenddessen den Batavia-Salat putzen, waschen und trocken schleudern. Auf Tellern oder in Schälchen zusammen mit den Avocadostreifen und den Pilzscheibchen anrichten und mit der Hälfte der Sojavinaigrette beträufeln.

5. Den gegarten Spargel abgießen und noch warm auf dem Salat verteilen. Die restliche Vinaigrette darübergeben, Frühlingszwiebelringe darüberstreuen und mit Parmesanspänen garniert servieren.

FRÄNKISCHER SPARGELSALAT
nach Omas Rezept

ENTLANG DES MAINS GIBT ES IN UNTERFRANKEN DIE FÜR DEN SPARGEL SO WICHTIGEN SANDBÖDEN. UND NATÜRLICH DIE PASSENDEN REZEPTE FÜR DIE FEINEN STANGEN.

Zutaten für 4 Portionen

700 g weißer Spargel

Salz

1 EL Zucker

3 EL Essig

4 EL Sonnenblumenöl

Pfeffer aus der Mühle

½ Bund Schnittlauch

Zeitbedarf

• 30 Minuten +
  20 Minuten garen +
  20 Minuten abkühlen

So geht's

1. Spargel schälen. In einem großen Topf 2–3 Liter Wasser mit 1 TL Salz, 1 EL Zucker und 1 EL Essig aufsetzen und den Spargel ins noch kalte Wasser geben. Zum Kochen bringen, dann die Hitze aber gleich wieder so weit zurückschalten, dass der Spargel im nur leicht bewegten Wasser gar zieht. Nach etwa 20–25 Minuten ist der Spargel gar und noch bissfest. Abgießen und den Sud auffangen.

2. Inzwischen den restlichen Essig mit Sonnenblumenöl, Salz und Pfeffer verrühren und eventuell mit einer Prise Zucker abschmecken. Den Schnittlauch in Röllchen schneiden.

3. Den etwas abgekühlten Spargel schräg in Stücke von ca. 4 cm Länge schneiden. In eine Schüssel geben, mit der Vinaigrette mischen und mit Schnittlauch bestreut servieren.

Die Variante

Sahnige Spargelsauce
Den aufgefangenen Spargelsud in einem Topf mit 1 in Scheiben geschnittenen Karotte, 2–3 Scheibchen geschältem Ingwer, 1 roten Chili und 1 EL Zucker 1 Stunde lang bei mittlerer Hitze einreduzieren. 100 ml Sahne angießen und 10 Minuten weiterköcheln lassen. Mit 1 TL Senf, etwas Salz und Pfeffer abschmecken. Leicht erkaltet schmeckt diese Sauce über Spargel ganz hervorragend.

GARZEIT VERKÜRZEN Man kann die Garzeit des Spargels und auch die Abkühlzeit um einige Minuten verkürzen, indem man die Stangen bereits vor dem Garen auf die gewünschte Länge schneidet.

[a]

DAS IST
wirklich
WICHTIG

DER PANZER SPRINGT AUF, DAS FLEISCH BLEIBT UNVERLETZT.

[a] **SCHEREN AUFSCHLAGEN** Führen Sie den Schlag kurz und kräftig aus, so dass nur der Panzer der Scheren aufspringt, das Messer aber nicht ins Fleisch eindringt.

[b] **HUMMERSCHALEN** Werfen Sie die ausgelösten Hummerkarkassen nicht weg. Wenn Sie sie nicht sofort verwerten wollen, können Sie sie einfrieren und später eine aromatische Sauce daraus kochen (siehe Variante).

18

FRÜHLINGSSALATE
mit Hummer

HUMMER HÖRT SICH IMMER ETWAS (AB)GEHOBEN AN – DOCH WENN SIE IHN EINMAL SELBST ZUBEREITET HABEN, MERKEN SIE, WIE EINFACH ES IM GRUNDE IST.

Zutaten für 4 Portionen

Salz

2 Hummer von je ca. 600 g

150 g Löwenzahnblätter

250 g junge Blattsalate

3 EL Olivenöl

2 EL Limettensaft

2 EL Balsamico

Pfeffer aus der Mühle

1 TL Zucker

Zeitbedarf

- 20 Minuten +
  7 Minuten garen

So geht's

1. In einem großen Topf 3 – 4 Liter Wasser zum Kochen bringen, dann salzen. Die Hummer mit dem Kopf zuerst in das kochende Wasser geben und in 7 Minuten zugedeckt kochen. Mit einem Schaumlöffel herausnehmen und zum Abkühlen in eine Schüssel mit Eiswasser gleiten lassen.

2. Die Scheren der Hummer im Gelenk ausbrechen. Die Scheren dann mit dem Rücken eines großen Messers aufschlagen [→ a] und das Fleisch herausholen. Auch aus den weiteren Gelenken ist auf diese Weise noch Fleisch zu holen.

3. Die Hummerschwänze auf der Unterseite seitlich mit einer Schere aufschneiden. Nach diesem Schnitt kann man den Bauchpanzer ganz einfach abheben und das Fleisch auslösen. Das Hummerfleisch kühl stellen, die Schalen aufheben [→b].

4. Die Löwenzahnblätter für einige Minuten in Salzwasser einlegen (siehe S. 12/13), dann abseihen und trocken schleudern. Die Blattsalate putzen, waschen und ebenfalls trocken schleudern. Aus Öl, Limettensaft, Balsamico, Pfeffer, Zucker und Salz eine Vinaigrette herstellen.

5. Löwenzahn und Blattsalat auf 4 Tellern anrichten. Hummerfleisch in mundgerechte Stücke schneiden und auf den Salaten arrangieren. Mit der Vinaigrette beträufeln.

Die Variante

Hummersauce
2 Hummerkarkassen (Schalen) mit einem großen Messer klein hacken und in Olivenöl anbraten. 1 Karotte, 1 Zwiebel, ½ Stange Lauch und 1 Stück Sellerie mitbraten. 1 EL Tomatenmark dazugeben und kurz mitrösten. Mit 700 ml Fischfond, 4 cl Portwein, 4 cl Noilly Prat und 100 ml Weißwein ablöschen. 1 EL gehackten Thymian dazugeben und eine Stunde einkochen lassen. Abseihen, Fond auffangen und auf die Hälfte einkochen. 150 ml Sahne dazu, abschmecken und mit dem Stabmixer aufpürieren. Diese feine Sauce über den Hummer träufeln.

FRISCHER HUMMER ist wesentlich aromatischer und in der Konsistenz besser als gefrorener. Den Hummer am selben Tag verbrauchen, an dem er gekauft wurde. Im Kühlschrank kann er einige Stunden mit einem feuchten Tuch bedeckt aufbewahrt werden.

BEIM
RÄUCHERN
DEN DECKEL
SCHLIESSEN.

[a]

DAS IST *wirklich* WICHTIG

[a] RÄUCHERN MIT ABSTAND Das Kaninchenfilet darf nicht in direkten Kontakt mit dem Räuchermehl kommen – daher immer auf ein Gitter oder einen Rost legen.

[b] RÄUCHERZEIT Räuchern Sie das zarte Kaninchenfleisch nicht zu lange, sonst wird es zu hart. Es geht hier nur darum, dem Fleisch etwas Raucharoma zu verleihen, nicht, es haltbar zu machen.

WILDKRÄUTERSALAT
mit geräuchertem Kaninchenrücken

SCHON MAL ETWAS SELBST GERÄUCHERT? IST GAR NICHT SO SCHWER –
UND BELOHNT WERDEN SIE HIER MIT EINER SEHR SCHMACKHAFTEN VORSPEISE.

Zutaten für 4 Portionen

4 Kaninchenrückenfilets
à 80 g

Salz

Pfeffer aus der Mühle

4 EL Olivenöl

1 kleine Handvoll
Räuchermehl

200 g gemischte
Wildkräuter

1 Birne

2 EL Himbeeressig

1 Prise Zucker

einige Blüten zur
Dekoration

besonderes Werkzeug
• Wok mit Deckel und
Gittereinsatz

Zeitbedarf
• 25 Minuten

So geht's

1. Die Kaninchenrückenfilets abspülen, trocken
tupfen und von eventuell anhaftenden Sehnen
und Häuten befreien. Von allen Seiten leicht salzen und pfeffern. In einer Pfanne 1 EL Olivenöl
erhitzen und darin die Kaninchenfilets bei milder
Hitze von allen Seiten leicht anbraten.

2. Einen Wok innen mit Alufolie auskleiden und das
Räuchermehl auf den Boden des Woks streuen.
Die Kaninchenfilets auf den Gittereinsatz legen
[→ a] und den Deckel schließen. Den Wok auf der
Herdplatte mäßig erhitzen. Nach kurzer Zeit
bildet sich Rauch. 2–3 Minuten räuchern genügen [→ b]. Die Filets aus dem Wok nehmen und
beiseitestellen.

3. Die Wildkräuter putzen, waschen und trocken
schleudern. Die Birne schälen, entkernen und in
feine Würfel schneiden. Das restliche Olivenöl
mit Himbeeressig, Salz, Pfeffer und einer Prise
Zucker mischen.

4. Die Wildkräuter auf Teller verteilen, die Birnen-
würfelchen darüberstreuen. Alles mit der Salatsauce beträufeln. Die Kaninchenfilets schräg
in ca. 2 cm breite Scheiben schneiden und zum
Salat geben. Mit Blüten dekorieren.

RÄUCHERGERÄTE Anstatt im Wok können Sie auch im
Kugelgrill oder im Backofen räuchern. Zudem gibt es
spezielle Räuchertüten, -säckchen und -folien zu kaufen.
Räuchermehl bekommt man am besten in einem Laden
für Anglerbedarf.

Die Variante

Geräuchertes Lachsfilet
Räuchern Sie alternativ
pro Person ein Lachsfilet.
Der Fisch wird vor dem
Räuchern jedoch nicht
gegart, nur mit etwas
Salz und Pfeffer gewürzt.
Dafür bleiben die Filets
länger im Rauch – etwa
10 Minuten. Für das Dres-
sing verwenden Sie statt
Himbeer- einen Ingwer-
essig, der sich durch seine
leichte Schärfe sehr gut
zum Fisch macht.

SPITZWEGERICHSALAT
mit Saltimbocca

SPITZWEGERICH IST EINES DER MARKANTESTEN KRÄUTER – LEICHT ZU ERKENNEN UND ZU FINDEN. IM GESCHMACK ABER EIN EHER ZURÜCKHALTENDER TYP.

Zutaten für 4 Portionen

5 EL Olivenöl

2 Knoblauchzehen

1 Bio-Zitrone

300 g Spitzwegerich

8 kleine Kalbsschnitzel à 60 g

4 Scheiben luftgetrockneter Schinken

8 Salbeiblätter

Salz

Pfeffer aus der Mühle

1 Prise Zucker

½ TL körniger Senf

Zeitbedarf
• 30 Minuten

So geht's

1. In einer Pfanne 1 EL Olivenöl mäßig erwärmen. Die Knoblauchzehen mit der breiten Seite eines Messers andrücken, so dass die Schale aufplatzt. Mit der Schale ins Olivenöl geben. Von der Zitrone 2 Scheiben abschneiden und ebenfalls in das Öl legen. Für 15 Minuten bei kleinster Hitze durchziehen lassen. Den Rest der Zitrone auspressen.

2. Den Spitzwegerich putzen und in kaltem Wasser waschen. Auf einem Geschirrtuch auslegen und mit Küchenpapier trocken tupfen.

3. Die Kalbsschnitzelchen auf ein Brett legen und mit Frischhaltefolie bedecken. Mit einem Pfannenboden oder mit der breiten Seite eines großen, schweren Messers platt klopfen. Die Schinkenscheiben in zwei Hälften schneiden. Jedes Schnitzelchen zunächst mit einem Salbeiblatt, dann mit einer halben Scheibe Schinken belegen und alles etwas andrücken.

4. Vier schöne, große Blätter Spitzwegerich auswählen und in der Pfanne mit dem aromatisierten Öl langsam schmoren.

5. In einer zweiten Pfanne 2 EL Olivenöl erhitzen und darin die Saltimbocca von beiden Seiten, beginnend mit der belegten Seite, anbraten. Die Saltimbocca sind innerhalb von 2–3 Minuten fertig [→ a]. Am Ende salzen und pfeffern.

6. Die restlichen 2 EL Olivenöl mit Zitronensaft, Zucker, Senf, Salz und Pfeffer zu einem Dressing verrühren. Den Spitzwegerich in eine Schüssel geben und gut mit dem Dressing mischen.

7. Auf jeden Teller ein geschmortes Blatt Spitzwegerich legen, darauf jeweils zwei Saltimbocca setzen und mit dem Spitzwegerichsalat garnieren.

SPITZWEGERICH Gekaufter Spitzwegerich aus kontrolliertem Anbau ist oft zarter als die wilde Variante. Wenn Sie selbst sammeln, halten Sie sich bei jeder Pflanze an die innersten, weil jüngsten und zartesten Blättchen.

DAS IST *wirklich* WICHTIG

[a] SALTIMBOCCA BRATEN Braten Sie die Saltimbocca
auf der belegten Seite etwas länger. So wird der Schinken
schön knusprig und geschmackvoll.

AUGEN AUF!
Essen pflücken beim Spazierengehen

DIE UNTERSCHEIDUNG ZWISCHEN KULTUR-, WILD- UND UNKRAUT HÄNGT WOHL HAUPTSÄCHLICH DAVON AB, WAS MAN BEZWECKT. UND WER MIT OFFENEN AUGEN UND NEUGIERIGEM GAUMEN DURCH DIE NATUR GEHT, WIRD IMMER ÖFTER DIE VORSILBE „UN" STREICHEN KÖNNEN.

EINE LANGE KULTUR

Schon immer haben Menschen Kräuter für gesundheitliche Anwendungen genutzt, sie dienten aber auch als Zusatz zu Speisen für mehr Geschmack oder bessere Bekömmlichkeit – oder sie stellten in schlechten Zeiten selbst die Nahrung dar. Es war über lange Zeit hin völlig normal zu wissen, was in der Umgebung wuchs und was genießbar war. Unter Umständen hing das Überleben davon ab. Jede Hochkultur der Welt kannte ihre speziellen, auf die eigenen Bedürfnisse abgestimmten Kräuter, doch das Wissen darum ging mit dem zunehmenden Nutzanbau von Kulturpflanzen stetig zurück. In Deutschland waren heimische und weitverbreitete Wildkräuter wie Amaranth, Bronzefenchel, Giersch, Vogelmiere, Gundermann, Mädesüß oder Melde bis vor wenigen Jahren kulinarisch so gut wie gar nicht genutzt.

KENNTNIS LOHNT SICH

Dabei ist es gar nicht so schwierig, zumindest ein Dutzend schmackhafter Wildkräuter zu erkennen und sie in der Küche einzusetzen. Vogelmiere etwa, eine Umbruchpflanze, die überall dort wuchert, wo die Erde bearbeitet wird, besitzt einen herrlich aromatischen Geschmack nach jungem Mais und macht sich prima in Pesto als Basilikum-Ersatz. Von Sauer- und Blutampfer gibt es inzwischen sogar Züchtungen, denen man das Blühen abgewöhnt hat. Setzt man sich so etwas in den Garten, hat man das ganze Jahr über feine Beigaben zu herkömmlichen Salaten.

Verwendet werden sollten übrigens stets die jüngsten Blättchen, sie haben das feinste Aroma und die zarteste Blattstruktur. Darüber hinaus sollte man nie mehr als ein Drittel einer einzelnen Pflanze abernten. Damit erlaubt man ihr ein rasches Nachwachsen, was der nächsten Ernte zugutekommt. Für Kräuter wie für Blüten gilt: Erst ernten, wenn sie gebraucht werden, denn mit jeder Stunde Lagerung nehmen Frische, Inhaltsstoffe und Geschmack ab.

DEM TELLER BLÜHT WAS

Natürlich soll auch das Auge auf seine Kosten kommen. Dekorationen mit essbaren Blüten gehören heute in Feinschmeckerlokalen zum Standard. Doch auch auf dem Teller zu Hause müssen sie nicht fehlen, denn auch hier hält die Natur leckere Zutaten bereit. Die bekanntesten Blüten für die Küche sind sicherlich die von Kapuzinerkresse und Kürbis. Kleinere Exemplare wie Ackerveilchen oder wilde Stiefmütterchen, Knoblauch-, Borretsch- und Taubnesselblüten oder Phlox lassen sich universell einsetzen: Sie können einen Käseteller ebenso zieren wie einen Salat, eine Suppe oder ein schlichtes Quarkbrötchen.

SAUERAMPFER MIT BLÜTEN
und Red Snapper

DER RED SNAPPER ADELT DIESEN ZARTEN SALAT, FÜR DEN AM BESTEN NUR DIE FEINSTEN BLÄTTER VERWENDET WERDEN, DIE SICH FINDEN LASSEN.

Zutaten für 4 Portionen

100 g Sauerampfer

100 g junger Spinat

1 Handvoll Gänseblümchen

4 EL Olivenöl

2 EL Apfelessig

1 TL mittelscharfer Senf

1 Prise Zucker

Salz

Pfeffer aus der Mühle

2 Red-Snapper-Filets à 200 g

Schale und Saft von 1 Bio-Zitrone

1 EL Mehl

1 EL Butterschmalz

Zeitbedarf
• 35 Minuten

So geht's

1. Die zarten, kleinen Sauerampfer- und Spinatblättchen waschen, vorsichtig trocken schleudern und eventuell vorhandene gröbere Stiele entfernen. Die Blätter quer in zwei Hälften schneiden, miteinander vermischen und auf 4 Teller verteilen.

2. Die Gänseblümchen entstielen, es werden nur die Blüten verwendet. Diese waschen und gut trocken tupfen.

3. Aus Olivenöl, Essig, Senf, Zucker, Salz und Pfeffer eine Vinaigrette rühren oder in einem geschlossenen Schraubglas gut durchschütteln.

4. Die Red-Snapper-Filets auf beiden Seiten mit Zitronensaft beträufeln. Auf der Hautseite etwas fein abgeriebene Zitronenschale einreiben. Das Mehl auf einen Teller geben und den Fisch mit der Hautseite darauf drücken. Beim Hochnehmen den Fisch leicht abklopfen, so dass nur eine ganz dünne Mehlschicht haften bleibt [→ a].

5. In einer Pfanne das Butterschmalz erhitzen und den Fisch mit der Hautseite nach unten darin anbraten. Nach zwei Minuten die Hitze etwas reduzieren und fertig braten. Erst dann salzen und pfeffern.

6. Die Vinaigrette über die Salatblättchen träufeln und je ein halbes Fischfilet auf den Salat setzen. Mit den Gänseblümchen bestreuen.

FISCHALTERNATIVEN Alternativen zum Red Snapper sind Zander oder Wolfsbarsch. Beim Kauf von Fisch sollten Sie unbedingt darauf achten, dass die Ware aus nachhaltiger Fischerei kommt. In Deutschland ist sie meist mit dem Zeichen MSC (für Marine Stewardship Council) gekennzeichnet.

DAS IST *wirklich* WICHTIG

DIE MEHL-SCHICHT SOLL NUR GANZ DÜNN SEIN.

[a] DIE DÜNNE MEHLSCHICHT sorgt dafür, dass die Haut beim Anbraten schön kross wird und nicht aufweicht. Besonders gut geeignet zum Mehlieren ist doppelgriffiges Mehl: Es klumpt nicht und die Mehlschicht wird wirklich ganz dünn.

GÄNSEBLÜMCHENSALAT
mit jungem Spinat und Pomelo

EIN KLEINER, OPTISCH SEHR AUSGEFALLENER SALAT AUS DER ABTEILUNG:
„ICH GEHE MAL KURZ RUNTER AUF DIE WIESE UND HOLE MIR ETWAS ZU ESSEN!"

Zutaten für 4 Portionen

2 Handvoll Gänse-
blümchenblätter

2 Handvoll junge Spinatblätter

30 Gänseblümchenblüten

1 Pomelo

2 EL Pinienkerne

100 g Joghurt

Salz

Pfeffer aus der Mühle

4 cl Weißwein

Saft von 1 Limette

Zeitbedarf
• 25 Minuten

So geht's

1. Gänseblümchen- und Spinatblätter putzen, waschen und trocken schleudern. Gänseblümchenblüten am Stielansatz abknipsen, sodass nur noch die Blütenköpfchen übrig sind. Diese auf Insekten kontrollieren.

2. Die Pomelo gründlich abwaschen, dann mit einer feinen Reibe 1 TL Schale abreiben. Die Frucht schälen, dabei auch die bittere weiße Haut sorgfältig ablösen. Filets ausschneiden und diese in mundgerechte Stücke schneiden.

3. Pinienkerne in einer Pfanne ohne Öl ganz leicht anschwitzen, aber nicht braun werden lassen. Aus der Pfanne in einen Teller geben, damit die Kerne nicht doch noch bräunen.

4. Joghurt mit Salz, Pfeffer, Weißwein, Limettensaft und der abgeriebenen Pomeloschale verrühren, sodass ein eher flüssiges, leicht sämiges Dressing entsteht.

5. Gänseblümchen- und Spinatblätter vermischen und in 4 Schälchen portionieren. Mit den Pomelo-Filetstückchen und den Gänseblümchenblüten anrichten, die Pinienkerne darüberstreuen und zum Schluss mit dem Dressing beträufeln.

PAMPELMUSE ODER GRAPEFRUIT Statt der Pomelo können Sie auch Pampelmusen oder Grapefruits – übrigens eine Kreuzung aus Pampelmuse und Orange – verwenden. In diesem Fall kann man das Dressing noch mit 1 EL Honig abschmecken, um die bittere Note dieser Früchte etwas abzumildern.

KRÄUTER-MISCH-SALAT
mit Kirschblütenvinaigrette

WENN DIE KIRSCHBÄUME BLÜHEN, IST ES BIS ZU DEN KIRSCHEN NOCH ETWAS HIN. DOCH AUCH MIT DEN BLÜTEN LÄSST SICH ETWAS FEINES ANFANGEN.

Zutaten für 4 Portionen

2 große Handvoll Kirschblüten

50 g Zucker

1 Kopfsalat

1 kleine Handvoll Brennesselspitzen

1 kleine Handvoll zarte Löwenzahnblätter

1 kleine Handvoll Bärlauch

5 – 6 Blatt junger Sauerampfer

2 EL Erdbeeressig

4 EL Rapsöl

Salz

Pfeffer aus der Mühle

1 TL Mohnsenf

Zeitbedarf
• 20 Minuten +
  15 Minuten ziehen

So geht's

1. Die Kirschblüten nach evtl. noch daran sitzenden Insekten absuchen. Zucker und 50 ml Wasser in einem Töpfchen aufkochen. Den Herd ausschalten, das Zuckerwasser noch kurz köcheln lassen und dann ganz vom Herd nehmen. Die Kirschblüten für 15 Minuten zum Durchziehen in den Sirup legen.

2. Den Kopfsalat putzen, waschen und trocken schleudern. Die Kräuter ebenfalls waschen und trocknen, danach in Streifen schneiden.

3. Aus dem Erdbeeressig mit Öl, Salz, Pfeffer und dem Senf eine Vinaigrette schlagen, die etwas sämig sein soll.

4. Den Kirschblütensirup durch ein mit einem Baumwolltuch ausgelegtes Sieb abgießen, dabei die Flüssigkeit auffangen. Das Tuch mit den Blüten ganz leicht in die Flüssigkeit auspressen. 1 – 2 EL vom Kirschblütensud zur Vinaigrette geben und diese damit aromatisieren.

5. Salat und Kräuter mischen und in einer großen Schüssel mit der Kirschblütenvinaigrette vermengen. Auf Tellern portioniert servieren.

KIRSCHBLÜTEN SAMMELN Wenn Sie die Kirschblüten sammeln, achten Sie darauf, die Blüten schön über den Baum verteilt zu zupfen. Das gewährleistet später eine „gerechtere" Ernte. Es sollten dann wirklich auch nur die weißen bzw. zartrosa Blüten ohne grüne Blättchen in den Zuckersud kommen. Die Blättchen würden den Sirup bitter machen.

GEBRATENE WILDKRÄUTER
mit Forellenkaviar

GEBRATEN MÜSSTE MAN EIGENTLICH VON GEMÜSE SPRECHEN – DOCH MIT DEM DRESSING WIRD WIEDER EIN SALAT DARAUS.

Zutaten für 4 Portionen

400 g Wildkräuter der Saison

150 g saure Sahne

1 EL Weißweinessig

2 EL Weißwein

Salz

Pfeffer aus der Mühle

Currypulver, Paprikapulver, Cayennepfeffer, Tabasco nach Geschmack

2 EL Limonenöl

100 g Forellenkaviar

Zeitbedarf
• 20 Minuten

So geht's

1. Dickere Stängel von den Kräutern entfernen. Die Kräuter waschen, abtropfen und auf einem Geschirrtuch oder Küchenpapier gut abtrocknen lassen.

2. Die saure Sahne mit Weißweinessig, Weißwein, Salz und Pfeffer sowie etwas Gewürzpulver oder Tabasco nach Geschmack zu einem Dressing verrühren und abschmecken.

3. In einer großen Pfanne das Limonenöl nur mäßig erhitzen. Die Kräuter hineingeben und unter beständigem Rühren für nicht mehr als 30 Sekunden anbraten [→ a]. Mit Salz und Pfeffer würzen. Herausnehmen, direkt auf 4 Tellern portionieren und mit einem Löffel das Dressing darüber träufeln. Den Forellenkaviar dekorativ zum gebratenen Salat setzen.

Dazu reicht man frisches Baguette.

WILDKRÄUTER Die Kräuter können Sie beim Gemüsehändler oder im Bioladen kaufen – oder selbst sammeln. Im Frühjahr eignen sich Vogelmiere, Rucola, Taub- und Brennnesseln, Giersch, Kerbel, Löwenzahn oder auch Bärlauch (von ihm wenig) sehr gut. Auch Spinat, Chicorée oder Mangold schmecken in diesem Salat hervorragend. Mangold und Chicorée sollten dabei jedoch in Streifen geschnitten werden, weil sie eine etwas festere Grundstruktur besitzen.

DAS IST *wirklich* WICHTIG

....

[a] KURZ BRATEN Die Wildkräuter dürfen wirklich nur ganz kurz in die Pfanne. Das verstärkt ihren Geschmack, der durch das aromatisierte Öl noch intensiviert wird. Brät man die Kräuter zu lange, werden sie lasch und ölig.

DAS IST *wirklich* WICHTIG

[a] **DIE SCHÄRFE** des Salates können Sie durch den Anteil an Peperoni bzw. die Art der verwendeten Chilis selbst bestimmen. Kleine rote Schoten sind stets schärfer als große, und grüne sind milder als rote. Verwenden Sie die Kerne mit, wird es noch schärfer.

[b] **THUNFISCH** ist hervorragend dafür geeignet, roh gegessen zu werden. Dieses Rezept braucht eine leichte Röstung für die Sesamummantelung, doch der Kern des Fisches darf wirklich nicht durch sein, sonst wird er zäh und faserig.

[b]

DER THUN-FISCH IST INNEN NOCH ROH UND SAFTIG.

PAK CHOI MIT BLUTAMPFER
und Thunfisch in Sesamkruste

EIN SALAT AUS GEMÜSE WARUM AUCH NICHT, DENN DIESE KOMBINATION IST GERADE WEGEN IHRER EXOTIK BESONDERS VERFÜHRERISCH …

Zutaten für 4 Portionen

1 Eiweiß

25 ml Sojasauce

4 Thunfischfilets à 200 g (eher dick als lang)

40 g Sesamsamen

1 rote Peperoni

2 – 3 Knoblauchzehen

20 g Ingwerwurzel

1 Schalotte

3 EL Sesamöl

6 Köpfe Bok-choy

100 g Blutampfer

3 EL Öl

2 Limetten

1 EL Essig

Salz

Pfeffer aus der Mühle

Zeitbedarf
• 30 Minuten

So geht's

1. Das Eiweiß mit der Sojasauce verrühren. Damit den Thunfisch auf einer Seite einpinseln und diese Seite in Sesam wälzen. Die Fischfilets umdrehen und mit der zweiten Seite ebenso verfahren.

2. Peperoni waschen, Trennhäute und Kerne entfernen [→ a]. Knoblauch, Ingwer und Schalotte schälen und alles etwas klein schneiden. Alles zusammen mit dem Sesamöl in einem Becher mit dem Stabmixer pürieren.

3. Bok-choy waschen und trocken schütteln, die Stängel fein hacken und die Blätter streifig schneiden. Den Blutampfer putzen, waschen und trocken schleudern.

4. Im Wok 1 EL Öl heiß werden lassen und den Bok-choy darin anrösten, wobei zuerst die Stängel, dann die Blätter eingelegt werden. Mit dem Peperoni-Püree und dem Saft einer Limette abschmecken.

5. 2 EL Öl in einer Pfanne erhitzen. Die Thunfischfilets einlegen und von beiden Seiten jeweils 2 Minuten bei nicht zu großer Hitze anbraten [→ b]. Der Fisch sollte innen in jedem Fall noch roh sein.

6. Den Blutampfer zum inzwischen abgekühlten Bok-choy geben und untermischen. Mit Essig, Salz und Pfeffer abschmecken. Die verbliebene Limette vierteln. Den Blutampfer-Bok-choy-Salat auf 4 Tellern anrichten. Darauf jeweils ein Thunfischsteak setzen und mit einem Limettenviertel garnieren.

BLUTAMPFER Finden Sie keinen Blutampfer, können Sie auch ganz normalen Sauerampfer verwenden. Beide Sorten lassen sich übrigens auch problemlos in Pflanzkübeln züchten. Blutampfer gewinnt durch seine Farbigkeit und bietet rein optisch einfach mal mehr.

PAPAYASALAT
mit Frühlingszwiebeln

SCHNELL GEMACHT, VOLLES AROMA, SUPER VITAMINSTOSS – DIESER SALAT ERFÜLLT ALLE ANSPRÜCHE, DIE MAN AN EIN LEICHTES SOMMERGERICHT STELLT.

Zutaten für 4 Portionen

500 g grüne Papaya [→ a]

4 Tomaten

140 g gekochte Krabben

1 Bund Frühlingszwiebeln

1 EL Sesamöl

1 EL Koriandergrün

1 TL Thai-Basilikum

1 TL Minze

1 TL Zitronenmelisse

1 kleine rote Chilischote

1 Knoblauchzehe

2 EL Austernsauce

Saft von 2 Limetten

1 TL brauner Zucker

Zeitbedarf
• 20 Minuten

So geht's

1. Papaya schälen, halbieren und die Kerne herauskratzen. Auf einer groben Reibe oder mit dem Zestenschneider in feine Streifen reiben bzw. schneiden. Die Tomaten waschen, den Strunk entfernen und in Scheiben schneiden. In einer Schüssel mit den Papayastreifen und den Krabben mischen.

2. Frühlingszwiebeln putzen, waschen, trocken tupfen und schräg in Stücke von 4 cm Länge schneiden. In einer Pfanne Öl erhitzen und darin die Frühlingszwiebeln bei mittlerer Hitze anbraten, bis sie leicht gebräunt sind.

3. Koriandergrün, Thai-Basilikum, Minze und Zitronenmelisse hacken. Chilischote längs halbieren und entkernen, Knoblauch schälen und beides ebenfalls fein hacken.

4. Kräuter, Chili und Knoblauch mit Austernsauce, Limettensaft und Zucker in einem Schraubglas gut durchmischen. Das Dressing zur Papaya-Mischung in die Schüssel geben. Die inzwischen abge-kühlten Frühlingszwiebeln ebenfalls hinzufügen und alles gut mit-einander vermengen.

Ein wunderbarer Begleiter für gegrillten Fisch oder Hähnchen-Satay.

FRÜCHTEVIELFALT Mit den Früchten lässt sich hier sehr gut variieren. Im Landesinneren von Thailand isst man diesen Salat gerne mit einer Mischung aus Ananas und Guave, doch sind ebenso Varianten mit Koch-bananen oder Sternfrucht denkbar. Lassen Sie Ihrer Fantasie freien Lauf!

DAS IST *wirklich* WICHTIG

[a] GRÜNER PAPAYA Es ist für dieses Gericht ganz wichtig, dass die Papaya noch ganz grün und unreif ist. Nur so erhält man den typischen Geschmack und die richtige Konsistenz.

DIE SEITEN DES REIS- PAPIERS EIN- SCHLAGEN.

[b]

DAS IST *wirklich* WICHTIG

[a] GARPROBE So machen Sie die Probe beim Garen der Lende: Halb gar ist sie, wenn sich das Fleisch beim Daraufdrücken anfühlt wie Ihre Nasenspitze.

[b] FEST AUFROLLEN Zuerst die Seiten des Reispapiers rechts und links ein Stück über die Füllung schlagen, dann das Ganze von vorne her so fest wie möglich aufrollen. So kann man das Fingerfood später gut essen und die Füllung fällt beim Dippen nicht heraus.

SALAT MIT LENDE
im Reispapier

SALAT MAL ALS GEROLLTER VIETNAMESISCHER FINGERFOOD-SNACK.
DAS REISPAPIER HÄLT ALLES SCHÖN ZUSAMMEN.

Zutaten für 4 Portionen

300 g Schweinelende

2 Dosen Kokosmilch

2 EL Pflanzenöl

4 Knoblauchzehen

4 große Salatblätter

1 Karotte

1 rote Paprika

½ Tasse Basilikumblätter

½ Tasse Minze

½ Tasse Koriandergrün

Salz

Pfeffer aus der Mühle

4 Bogen Reispapier

2 EL Reisessig

1 TL Zucker

1 kleine grüne Chili

1 EL Limettensaft

2 EL Fischsauce

Zeitbedarf
• 40 Minuten

So geht's

1. Die Schweinelende in 1 Dose Kokosmilch bei mittlerer Hitze in etwa 10 – 12 Minuten halb gar köcheln [→ a]. In einer Pfanne das Öl bei mittlerer Hitze erhitzen. 3 Knoblauchzehen nur andrücken, aber nicht schälen und darin leicht anschwenken. Dann die Lende hinzugeben und 3 Minuten schwenken, bis das Fleisch fast durch, aber innen noch rosa und saftig ist. Vom Herd nehmen und abkühlen lassen.

2. Die Salatblätter waschen und die Blattrippen herausschneiden, die Blätter dabei möglichst ganz lassen. Karotten schälen und mit dem Julienne-Schneider (oder mit Geduld und einem scharfen Messer) in feinste Stifte schneiden. Paprika putzen und in fein Streifen schneiden. Die Kräuter hacken. Das abgekühlte Fleisch in sehr dünne Scheiben schneiden, salzen und pfeffern.

3. Jedes Reispapierblatt für 30 Sekunden in ein mit warmen Wasser gefülltes Gefäß eintauchen, auf ein Geschirrtuch legen und warten, bis es geschmeidig ist. Nun auf jedes Reispapierblatt ein Blatt Salat sowie jeweils ¼ der Karottenstifte, Paprikastreifen und Fleischscheiben geben und möglichst kompakt aufrollen [→ b].

4. Für den Dip die zweite Dose Kokosmilch mit Essig und Zucker aufkochen und abkühlen lassen. Chili putzen, den restlichen Knoblauch schälen und beides fein hacken. Zur Kokosmilch geben, Limettensaft und Fischsauce unterrühren. Die Rollen in der Mitte schräg auseinanderschneiden und mit dem Dip servieren.

Sowohl die Wraps als auch der Dip halten sich im Kühlschrank gut einen Tag und können prima vorbereitet werden.

FÜLLUNG VARIIEREN Statt der Schweinelende können Sie alternativ Hühnerbrust, Putenstreifen, Garnelen oder auch feste Fischfilets verwenden. Auch bei den Kräutern können Sie flexibel sein – gut ist, was frisch ist.

KIRSCHTOMATENSALAT
mit Schafskäse und Kräutern

EIN BISSCHEN ITALIENISCH UND EIN WENIG GRIECHISCH LÄSSIG KOMBINIERT, UND FERTIG IST EINE LEICHTE, EINFACHE UND SCHNELLE VORSPEISE.

Zutaten für 4 Portionen

400 g Kirschtomaten

200 g Schafskäse

2 Knoblauchzehen

4 – 5 Zweige Zitronenthymian

2 Zweige Blattpetersilie

6 EL Olivenöl

3 EL Balsamico-Essig

Salz

Pfeffer aus der Mühle

1 EL Zucker

1 EL rosa Pfefferbeeren

2 EL Kapern

Zeitbedarf
• 15 Minuten +
  1 Stunde marinieren

So geht's

1. Kirschtomaten kurz unter fließendem Wasser waschen. Den Schafskäse in Würfel schneiden.

2. Knoblauch häuten und in feinste Scheibchen schneiden oder hacken. Die Thymianblättchen von den Stängeln streifen. Die Blättchen von der Blattpetersilie abzupfen. Beides hacken.

3. Olivenöl mit Balsamico-Essig, Salz, Pfeffer und Zucker gründlich zu einer Vinaigrette verrühren.

4. Die Kirschtomaten und den Schafskäse in eine ausreichend große, eher flache Schüssel legen. Darüber den Knoblauch und die Kräuter verteilen. Zuletzt mit der Vinaigrette übergießen und darüber die Pfefferbeeren und die Kapern streuen. Vorsichtig durchrühren und mit Frischhaltefolie abgedeckt im Kühlschrank für mindestens 1 Stunde durchziehen lassen.

Servieren Sie diesen Salat zusammen mit frischem Bauernbrot als kleines Vesper.

ZUCKERSCHOTENSALAT
mit Melone und Erdbeeren

HIER TANZT DER FRÜHLING AUF DER ZUNGE: SÜSSE FRÜCHTE, KNACKIGE ZUCKER-
SCHOTEN UND DUFTIGE BLÜTEN FÜR EIN BESONDERES GESCHMACKSERLEBNIS.

Zutaten für 4 Portionen

1 kleine Honigmelone
200 g Erdbeeren
3 – 4 Zweige marokkanische Minze
50 ml Weißwein
3 cl trockener Wermut
1 EL Blütenhonig
300 g Zuckerschoten
1 EL Erdbeeressig
2 EL Olivenöl
Salz
2 Scheiben Vollkorntoast
evtl. 1 EL Butter
1 kleine Handvoll Fliederblüten

Besonderes Werkzeug
· Kugelausstecher

Zeitbedarf
· 40 Minuten

So geht's

1. Honigmelone halbieren und die Kerne entfernen. Mit einem Kugelausstecher das Fruchtfleisch in kleinen Kugeln herauslösen. Erdbeeren waschen, putzen und je nach Größe halbieren oder vierteln.
Die Minzeblättchen von den Zweigen zupfen und in Streifen schneiden.

2. Weißwein, Wermut und Honig in einer Schüssel verrühren. Früchte
und Minze dazugeben und mischen.

3. Bei Bedarf an den Zuckerschoten die Fäden ziehen. Hierfür an
einem Ende ein Stückchen abschneiden und den Faden entlang des
Rückens abziehen. In einem Topf Wasser zum Kochen bringen und
die Schoten darin zunächst eine Minute blanchieren. Mit einem
Schaumlöffel herausheben, in Eiswasser abschrecken und erkalten
lassen. Dann in heißem Wasser für weitere 3 Minuten bissfest garen.
Abgießen und beiseitestellen.

4. Erdbeeressig mit Olivenöl und etwas Salz mischen und über die
Zuckerschoten geben.

5. Die Toastscheiben kräftig toasten oder in einer Pfanne in Butter
anbraten – sie müssen schön kross sein. In kleine Würfel schneiden.

6. Die Zuckerschoten auf 4 Tellern anrichten. Darauf die marinierten
Früchte geben und auch etwas von der Marinade darüberträufeln.
Mit Toastwürfelchen bestreuen und mit Fliederblüten dekorieren.

ZUCKERSCHOTEN GAREN Die Zuckerschoten können auch im Dampfgarer
bei 100 °C in 4 Minuten vorbereitet werden – dann sind sie exakt so, wie Sie
sie für den Salat brauchen. Im Dampfaufsatz auf einem Topf benötigen sie
etwa eine Minute mehr. Das im Rezept beschriebene Abkühlen in Eiswasser
ist wichtig, damit die Schoten ihre Farbe behalten. Lässt man diesen Schritt
aus, werden sie grau.

PORTULAKSALAT
mit gegrillter Baby-Sepia

SALATE UND GEGRILLTES GEHEN JA OHNEHIN BESTENS ZUSAMMEN.
HIER HABEN WIR MAL EINEN ETWAS ANDEREN SPIESS AUF DEM GRILL ...

Zutaten für 4 Portionen

20 küchenfertige Baby-Sepia

4 Knoblauchzehen

1 EL Oreganoblättchen

1 EL Rosmarinnadeln

Schale und Saft von 1 Bio-Limette

7 EL Olivenöl

½ TL Cayennepfeffer

½ TL Currypulver

Salz, Pfeffer aus der Mühle

200 g Portulak

1 Schalotte

½ Bund Schnittlauch

8 Radieschen

2 EL Obstessig

Zucker

besonderes Werkzeug
• 4 lange Grillspieße
• Grill

Zeitbedarf
• 20 Minuten +
  24 Stunden marinieren +
  5 Minuten grillen

So geht's

1. Die Baby-Sepia unter fließendem Wasser waschen, trocken tupfen und in eine flache Schale geben. Knoblauch schälen und fein hacken, die Kräuter ebenfalls hacken. Von der Limette mit einem Zestenreißer die Schale abschälen und fein hacken. Alternativ die Schale mit einer feinen Reibe abreiben. Dann die Limette halbieren und den Saft über den Sepien auspressen. 4 EL Öl, Knoblauch, Kräuter, Cayennepfeffer, Curry, Salz, Pfeffer und die Limettenschale ebenfalls zu den Sepien geben und alles gut vermengen. Die Schale mit Klarsichtfolie abdecken und für 24 Stunden, mindestens aber über Nacht, in den Kühlschrank stellen.

2. Den Portulak putzen, waschen und trocken schleudern. Die Blätter grob zerpflücken und in eine Schüssel geben. Die Schalotte schälen und fein hacken. Schnittlauch in Ringe schneiden. Die Radieschen waschen, Wurzel und Blattansatz entfernen und in Scheibchen schneiden. Aus Essig, 3 EL Öl, Salz, Pfeffer und etwas Zucker eine Vinaigrette rühren. Die gehackte Schalotte, die Radieschenscheiben und einen Teil der Schnittlauchringe zur Vinaigrette geben.

3. Eine Stunde vor dem Grillen die marinierten Sepien aus dem Kühlschrank nehmen und Raumtemperatur annehmen lassen. Den Grill vorheizen. Jeweils 5 Sepien auf einen Grillspieß stecken und auf dem Grillrost die Spieße etwa 5 Minuten grillen [→ a]. Den Portulak mit der Vinaigrette mischen. Sobald die Sepia-Spieße auf allen Seiten goldbraun sind, sofort zusammen mit dem Salat servieren.

GEFÜLLT Die kleinen Sepia-Tuben lassen sich auch sehr gut füllen, beispielsweise mit vorgegartem Gemüsereis. Die Grillzeit verlängert sich dadurch nicht und das Sepiafleisch bleibt von innen her schön saftig.

DAS IST *wirklich* WICHTIG

[a] KURZ GRILLEN Der Übergang von super-saftig zu zäh kann vor allem bei Baby-Sepia sehr rasch gehen. Die genaue Garzeit ist abhängig von der Grundhitze des Grills. Lassen Sie die Spieße daher auf keinen Fall zu lange auf dem Grill.

[a]

KAUFEN UND LAGERN
Knackig gewinnt

SALAT UND AUCH GEMÜSE, DAS JA OFT ALS SALATGRUNDLAGE DIENT, MÜSSEN ABSOLUT FRISCH SEIN, SONST SCHMECKT ES NICHT. DER ALTE AUSSPRUCH VON ECKART WITZIGMANN „MIT DIESER KAROTTE KOCHE ICH NICHT" KÖNNTE NICHT BESSER FORMULIERT SEIN. DESHALB: BEIM EINKAUF GENAU HINSCHAUEN.

SEHEN, RIECHEN, FÜHLEN

Beim Markthändler können Sie ziemlich sicher sein, dass Sie von ihm nur frischeste Waren bekommen. Er weiß genau, dass Sie sonst am nächsten Samstag nicht mehr bei ihm kaufen werden. Beim Kauf im Supermarkt sollten Sie – Hygiene hin oder her, nicht selbst erzeugte Ware wird ja später gewaschen – durchaus mit allen Sinnen testen. Salatköpfe müssen fest und kompakt und nicht welk in den Regalen liegen. Paprikaschoten dürfen keine Druckstellen aufweisen. An Tomaten zu riechen mag beruhigen, doch bringt das im Grunde nichts, denn die Geruchsstoffe sitzen zumeist in den Stängeln, nicht in der Frucht.

JAHRESZEITEN

Gerade bei Blattsalaten macht man die erstaunliche Erfahrung, dass sie im Winter mitunter zarter sind als im Sommer. Des Rätsels einfache Lösung: Dann kommen sie aus dem Treibhaus. Sommersalate hingegen haben Kontakt mit wahrhafter Erde, sie tanken wirklich Sonne und entwickeln ein natürliches Aroma. Deshalb gehen viele nach der Faustregel vor, von April bis September Blattsalate zu essen, von Oktober bis März Salate aus Gemüse. Was nicht nur geschmacklich Sinn macht, denn mit dem Genuss regionaler und saisonaler Produkte unterstützen wir auch die Erzeuger.

ERHALTEN, WAS DRIN IST

Wohl dem, der einen modernen Kühlschrank hat! „Null-Grad-Zonen" oder „Frische-Zonen" sind eine große Hilfe. Karotten bleiben über zehn Tage hinweg knackig und auch Blattsalate halten sich erstaunlich lange. Optisch zumindest. Denn man sollte wissen, dass Blattsalat, sobald er einmal vom Strunk geschnitten ist, rasch seinen Vitamingehalt verliert. Nach zwei Tagen mag er also immer noch toll schmecken, doch die Vitamine sind flöten. Was sagt uns das? Kaufen und sofort genießen!

SALAT MIT ZIEGENFRISCHKÄSE
und Löwenzahnblütensirup

EIN FRÜHSOMMERTRAUM DER GANZ LEICHTEN ART. HIER VERBINDEN SICH CREMIGKEIT, FRISCHE, SÄURE UND SÜSSE ZU EINEM HERRLICHEN GENUSS.

Zutaten für 4 Portionen

- 1 l Löwenzahnblüten
- 1 Bio-Zitrone
- 1 kg Zucker
- 200 g bunte Blattsalate
- 1 Knoblauchzehe
- 1 EL Traubenkernöl
- 1 EL Holunderessig
- ½ TL Honigsenf
- Salz
- Pfeffer aus der Mühle
- 1 Prise Zucker
- 200 g Ziegenfrischkäserolle

besonderes Werkzeug
- 4 verschließbare Flaschen oder Gläser à 250 ml

Zeitbedarf
- 20 Minuten +
  3 Stunden kochen

So geht's

1. Bei vollem Sonnenschein auf einer unbelasteten Wiese fernab stark befahrener Straßen 1 Messbecher voll (1 Liter) Löwenzahnblüten sammeln. Zu Hause sauber waschen, trocken schleudern und eventuell noch vorhandene Stiele entfernen. Die Blütenköpfe grob hacken.

2. Die Zitrone heiß abwaschen und in 4–5 Scheiben schneiden. Löwenzahn mit 1 Liter Wasser und den Zitronenscheiben in einem Topf aufkochen und zugedeckt 25 Minuten ziehen lassen. Durch ein Tuch oder ein sehr feines Passiersieb geben. Den Saft auffangen und mit dem Zucker nun für mindestens 2 ½ Stunden bei sanfter Hitze einkochen [→ a]. Abkühlen lassen.

3. Die Blattsalate (z. B. Radicchio, Lollo, Batavia) putzen, waschen und trocken schleudern. Knoblauch schälen und sehr fein hacken. Traubenkernöl, Holunderessig, Honigsenf, Salz, Pfeffer und eine Prise Zucker mit der Gabel oder dem Schneebesen zu einer Vinaigrette verrühren. Den gehackten Knoblauch dazugeben, den Salat darin mischen und auf 4 Teller portionieren.

4. Die Ziegenfrischkäserolle [→ b] in Scheiben schneiden und die Scheiben auf das Salatbett setzen. Pro Portion mit 1–2 EL vom Löwenzahnblütensirup beträufeln.

LÖWENZAHNBLÜTENSIRUP In sterilisierte Gläser oder Flaschen abgefüllt, hält sich der Sirup kühl und möglichst dunkel gelagert ein Jahr. Man kann für mehr Geschmack auch noch eine Vanillestange, ein paar Kapseln grünen Kardamom oder einige Nelken mit aufkochen. Der Sirup eignet sich wunderbar zum Süßen von Tees, Cremes oder zum Glasieren eines Brathähnchens.

DAS IST *wirklich* WICHTIG

[a] SIRUP EINKOCHEN Nach 2,5 Stunden Kochzeit hat die Flüssigkeit eine typisch sirupartige Konsistenz. Wenn Sie den Sirup noch länger einkochen lassen, wird er honigartig dickflüssig.

[b] ANGENEHMER DUFT Ein Ziegenfrischkäse darf auf keinen Fall nach Ziege riechen, nur dann wurde bei der Herstellung auch wirklich sauber gearbeitet. Am besten schmeckt dieser Käse im Alter von 5 – 7 Tagen.

[a]

DER SIRUP IST SCHÖN DICKFLÜSSIG EINGEKOCHT.

SALAT AUS NEUEN KARTOFFELN
mit jungen Frühlingskräutern

KARTOFFELN, BUTTER UND SALZ – SCHON IMMER EINER DER EINFACHSTEN UND SCHÖNSTEN GENÜSSE. IN DIESER TRADITION STEHT AUCH DIESES SALATREZEPT.

Zutaten für 4 Portionen

600 g neue, kleine Salatkartoffeln

Salz

100 ml Hühnerbrühe

3 EL Weißweinessig

2 EL Pflanzenöl

Pfeffer aus der Mühle

1 Handvoll gemischte Kräuter

Zeitbedarf
- 20 Minuten +
  20 Minuten garen

So geht's

1. Die Kartoffeln gründlich waschen. In einem Topf mit Salzwasser aufsetzen, zum Kochen bringen und abhängig von der Größe in 15 – 20 Minuten gar kochen. Abgießen, etwas ausdampfen lassen und dann pellen.

2. Die Hühnerbrühe in einem Töpfchen kurz erhitzen und wieder etwas abkühlen lassen. Die abgekühlte Hühnerbrühe mit Weißweinessig, Pflanzenöl, Pfeffer und Salz zu einer Vinaigrette verrühren.

3. Die Kräuter – etwas Bärlauch, dazu Kresse, Pimpinelle, Majoran, Petersilie und Schnittlauch – waschen, trocken tupfen und fein schneiden.

4. Die noch lauwarmen Kartoffeln in Scheiben schneiden und mit den Kräutern vermischen. Die Vinaigrette darübergießen und gut durchmischen. Vor dem Servieren ein paar Minuten durchziehen lassen und eventuell noch einmal nachwürzen.

Eine hervorragende Beilage zu Rindersteaks vom Grill.

KARTOFFELN MIT SCHALE Bei ganz neuen Kartoffeln ist es oft nicht notwenig, sie zu schälen. Außerdem stecken in der Schale wertvolle Nährstoffe. Der Salat sieht dann eben ein wenig rustikaler aus, hat aber auch mehr Geschmack und Biss.

RAHM-GURKEN-SALAT
mit Eierspatzen

FRÜHLINGSHAFT-ERFRISCHEND UND STILLT DENNOCH AUCH DEN GRÖSSTEN HUNGER. DIE SPÄTZLE ODER SPATZEN SCHMECKEN AM BESTEN HANDGESCHABT.

Zutaten für 4 Portionen

Für den Salat

2 Salatgurken

200 g Sauerrahm

200 g Naturjoghurt

Saft von ½ Bio-Zitrone

Salz, Pfeffer aus der Mühle

2–3 EL Sherry-Essig

Für die Spatzen

600 g Spätzlemehl

6 Eier

150–200 ml Wasser

Dill zum Garnieren

Zeitbedarf
· 40 Minuten

So geht's

1. Die Salatgurken schälen und in feine Scheiben hobeln oder schneiden. Diese ein paar Minuten in einer Schüssel stehen lassen und die sich absetzende Flüssigkeit abschütten. Mit Sauerrahm und Joghurt mischen und den Zitronensaft dazugeben. Salzen, pfeffern und mit Essig abschmecken.

2. Das Mehl in eine Schlagschüssel geben. In die Mitte des Mehls eine Mulde drücken und dort hinein sechs Eier aufschlagen. 1 TL Salz und die Hälfte des Wassers hinzugeben. Mit einem großen Kochlöffel gut vermengen, dabei eher schlagen als rühren, um Luft in den Teig zu bringen. Ist der Teig zu trocken, jetzt immer noch etwas mehr Wasser zugeben. Der Teig sollte am Ende Blasen werfen und eine zähflüssige Konsistenz haben.

3. Den Backofen auf 150 °C (Umluft 130 °C) vorheizen. In einem mittelgroßen Topf Wasser zum Kochen bringen und salzen. Einen großen Klacks Teig auf ein Spätzlebrett geben. Mit einem großen, langen Messer gröbere Spatzen abschaben und im Wasser für etwa 90 Sekunden garen. Mit der Schaumkelle herausheben und in kaltem Wasser kurz abschrecken. In eine feuerfeste Form geben und im Backofen warm halten. Mit dem restlichen Teig portionsweise ebenso verfahren.

4. Spatzen und Gurkensalat auf 4 Teller geben und mit etwas abgezupftem Dill garnieren.

SO SCHMECKT'S AUCH Mischen Sie einige gekochte Garnelen unter den fertigen Gurkensalat. Statt Dill schmeckt auch fein geschnittenes Basilikum sehr gut dazu. Und Kalorienbewusste ersetzen den Sauerrahm komplett durch Joghurt.

THUNFISCHSALAT
mit grünem Spargel

WAGEN SIE SICH AN DIESE SCHEINBAR WILDE MISCHUNG: MIT FRISCHEM AROMA UND NUDELN ALS SATTMACHER HAT ES DAS POTENZIAL ZUM LIEBLINGSGERICHT.

Zutaten für 4 Portionen

400 g Thunfisch (Sushi-Qualität)

1 Stück frischer Ingwer (ca. 3 cm)

Saft von 2 Bio-Limetten

Salz

300 g asiatische Mie-Nudeln

1 EL Erdnussöl

3 rote Peperoni

300 g grüner Spargel

1 EL Olivenöl

3 Frühlingszwiebeln

2 EL dunkle Sojasauce

Zeitbedarf
• 30 Minuten +
  30 Minuten marinieren

So geht's

1. Den Thunfisch in Würfel von maximal 2 cm Kantenlänge schneiden. Ingwerwurzel schälen und sehr fein schneiden oder reiben. Ingwer zum Thunfisch geben, mit Limettensaft beträufeln und gut durchmischen. Im Kühlschrank mindestens 30 Minuten, gerne aber auch 2–3 Stunden marinieren lassen [→ a].

2. In einem Topf Wasser erhitzen, salzen und darin die Nudeln bissfest garen. Über ein Sieb abgießen, in eine große Schüssel füllen, das Erdnussöl darübergeben und untermischen, so dass die Nudeln nicht mehr zusammenkleben können.

3. Peperoni putzen, evtl. entkernen und in dünne, längliche Streifen schneiden. Den Spargel im unteren Drittel schälen und schräg in 3 cm lange Stücke schneiden. Für 1–2 Minuten in kochendem Wasser blanchieren und abgießen.

4. In einer Pfanne das Olivenöl erhitzen und darin den abgetropften Spargel etwa 5 Minuten anbraten. Frühlingszwiebeln putzen und in Ringe schneiden. Für die letzte Minute zum Spargel geben.

5. Den Thunfisch aus dem Kühlschrank nehmen und zu den Nudeln in die Schüssel geben. Spargel, Peperoni und Sojasauce ebenfalls dazugeben, vorsichtig vermischen und servieren.

SO SCHMECKT'S AUCH Statt der chinesischer Nudeln können Sie auch japanische Soba-Nudeln aus dem Asia-Shop oder einfach Spaghettini verwenden. Der Thunfisch kann durch Schwertfisch ersetzt werden, auch er eignet sich gut zum Kaltgaren.

DAS IST *wirklich* WICHTIG

[a] KALT GAREN Die Säure in der Marinade sorgt dafür, dass das Eiweiß im Fisch sich verändert – es gart, ähnlich wie auch beim Braten oder Kochen. Dabei bekommt das Fischfleisch eine andere Farbe, es nimmt einen leicht gräulichen Ton an.

[a]

DAS IST *wirklich* WICHTIG

. . . .

[a] ÖL ERHITZEN Das Öl muss wirklich gut heiß sein, damit die Jakobsmuscheln sofort angebraten werden und nicht anfangen zu dünsten. Das würde sie zäh werden lassen.

ERDBEERSALAT MIT MINZE
und gebratenen Jakobsmuscheln

IN DER ZUSAMMENSTELLUNG RAFFINIERT, IST DIESE EIGENTLICH SEHR EINFACHE VORSPEISE EIN ECHTER GEWINNER VOR JEDEM ESSEN. UND LECKER!

Zutaten für 4 Portionen

500 g Erdbeeren

2 EL Zucker

20 Blättchen Minze

4 cl Birnenbrand

8 Jakobsmuscheln

2 EL Erdnussöl

1 TL Chiliöl

Chilifäden

Zeitbedarf
• 20 Minuten +
20 Minuten marinieren

So geht's

1. Die Erdbeeren putzen, das Grün entfernen und die Früchte nach Belieben in Stücke oder Scheiben schneiden. In einer Schüssel mit dem Zucker bestäuben. 16 Blättchen Minze hacken und dazugeben. Das Ganze mit Birnenbrand beträufeln, mit einem Löffel durchmischen und im Kühlschrank durchziehen lassen.

2. In der Zwischenzeit die Jakobsmuscheln mit Küchenpapier abtupfen. In einer Pfanne das Erdnussöl mit dem Chiliöl erhitzen [→ a], es darf allerdings nicht rauchen. Darin die Jakobsmuscheln von jeder Seite maximal 2 Minuten anbraten.

3. Auf 4 Tellern die marinierten Erdbeeren anrichten, darauf jeweils zwei Jakobsmuscheln platzieren und mit Chilifäden dekorieren.

Reichen Sie ein paar Scheiben Baguette dazu.

Die Variante

Erdbeersalat mit Rhabarberparfait
Für das Parfait 250 g Rhabarber schälen, in grobe Stücke schneiden und in einem Liter Wasser mit 1 EL Zucker weich kochen. Abgießen, pürieren und erkalten lassen. 6 Blatt Gelatine in kaltem Wasser einweichen, dann in ganz wenig kochendem Wasser auflösen. 200 g Joghurt, die aufgelöste Gelatine und 140 g geschlagene Sahne unter das Rhabarberpüree mischen und nach Geschmack mit 2 cl Kirschwasser oder Grappa aromatisieren. Die Masse in 4 Förmchen füllen und vier Stunden gefrieren. In der Zwischenzeit den Erdbeersalat wie beschrieben zubereiten. Beides zusammen servieren.

VOLLREIFE ERDBEEREN Machen Sie dieses Gericht erst, wenn Sie wirklich vollreife Erdbeeren ohne gelbe oder grüne Stellen bekommen – also lieber Ende als Anfang Mai. Erdbeeren aus heimischer Ernte sind meist viel aromatischer als spanische Treibhausware.

WIESENSALAT
mit Senf-Taubenbrüstchen

NATÜRLICH IST ES AM SCHÖNSTEN, SICH DIE KRÄUTER SELBST VON DER WIESE ZU HOLEN. DOCH AUCH IMMER MEHR GEMÜSEHÄNDLER HABEN SIE IM ANGEBOT.

Zutaten für 4 Portionen

1 kleines Bund Kerbel

je 1 Handvoll Sauerampfer und Vogelmiere

je ½ Handvoll Schafgarbenblätter, Frauenmantel, Pimpinelle, Brunnenkresse

einige Ackerstiefmütterchen-, Taubnessel- und Kamillenblüten

3 ½ EL Sonnenblumenöl

2 EL Rosenblütenessig

Salz

Pfeffer aus der Mühle

4 Taubenbrüstchen

4 TL Feigensenf

3 EL Butter

1 EL Madeira

Zeitbedarf
· 40 Minuten

So geht's

1. Alle Blüten und Blätter – beide jedoch getrennt voneinander – waschen und vorsichtig trocken tupfen. Bei Sauerampfer und Frauenmantel sollten die Stiele, falls diese schon etwas stärker ausgeprägt sind, entfernt werden. Bei allen anderen Kräutern können die Stängel mitverwertet werden. Alle Kräuter in Streifen schneiden, miteinander mischen und gleich auf 4 Teller portionieren. Sonnenblumenöl, Rosenblütenessig, Salz und Pfeffer zu einer Vinaigrette mischen und beiseitestellen.

2. Die Taubenbrüstchen salzen, pfeffern und auf der Oberseite mit dem Feigensenf bestreichen. In einer beschichteten Pfanne die Butter langsam zerlassen, also die Hitze nicht zu hoch stellen. Sobald die Butter ganz leise zu brutzeln beginnt, die Taubenbrüstchen mit der Unterseite zuerst hineinlegen. Langsam bei moderater Hitze garen. Nach etwa 3 Minuten umdrehen und möglichst nicht mehr in der Pfanne bewegen, damit der Senf anhaften bleibt. Nach weiteren 3 – 4 Minuten sind die Brüstchen gar, innen aber noch sehr schön rosa.

3. Die Taubenbrüstchen aus der Pfanne nehmen und auf ein Schneidebrett legen. Den Bratensatz mit Madeira ablöschen, kurz die Hitze hochfahren und die Sauce etwas einreduzieren.

4. Die Kräuter auf den Tellern nun mit der Vinaigrette beträufeln. Die Brüstchen schräg aufschneiden, auf den Kräutern anrichten und mit dem Saucenfond nappieren. Zum Schluss die Blüten darüberstreuen.

KRULLSALAT MIT BÄRLAUCH
und Kaninchen

EIGENTLICH KANN MAN DIESEN SALAT ZU JEDER JAHRESZEIT MACHEN, DOCH IM FRÜHLING GIBT IHM DER FRISCHE BÄRLAUCH EINE GANZ BESONDERE NOTE.

Zutaten für 4 Portionen

1 Kaninchen von ca. 1,5 kg

Salz

Pfeffer aus der Mühle

1 EL scharfer Senf

1 Kopf Krullsalat

1 Bund Bärlauch

2 EL Johannisbeeressig

5 EL Olivenöl

50 g Butter

4 cl Portwein

Zeitbedarf
- 30 Minuten +
  15 Minuten garen

So geht's

1. Das Kaninchen unter fließendem Wasser säubern und trocken tupfen. Mit einem scharfen Messer die Rückenteile auslösen und parieren. Die beiden Keulen an den Gelenken abtrennen und das Fleisch von den Keulen ablösen. Hierzu an den Innenseiten der Keulen am Knochen entlang längs schneiden und dann das Fleisch um den Knochen herum lösen. Das Keulenfleisch auf ein Schneidebrett legen und horizontal halbieren, damit es dünner wird. Alle Fleischstücke salzen, pfeffern und rundherum mit Senf bestreichen.

2. Den Krullsalat zerpflücken, putzen, waschen und trocken schleudern. Den Bärlauch ebenfalls waschen, trocken schütteln und in recht feine Streifen schneiden.

3. Aus dem Johannisbeeressig, 4 EL Olivenöl, Salz und Pfeffer eine Vinaigrette rühren.

4. In einer Pfanne bei mäßiger Temperatur das restliche Olivenöl erhitzen und darin die Butter zerlassen. Die Kaninchenteile einlegen und von allen Seiten in 10–15 Minuten langsam anbraten. Das Fleisch sollte innen noch saftig und fast rosa sein. Für die letzten 5 Minuten 2 EL geschnittenen Bärlauch hinzugeben.

5. Das Fleisch herausnehmen und auf eine Platte legen. Die Hitze in der Pfanne erhöhen und den Bratensatz mit dem Portwein lösen. Bis zu einer leichten Sämigkeit etwas einkochen lassen.

6. Den Salat mit dem übrigen Bärlauch und dem Dressing mischen und in Schalen oder auf großen Tellern portionieren. Das Fleisch in kleine Scheiben schneiden und zum Salat setzen. Mit dem eingekochten Bratensatz beträufeln.

PRALL & VOLL
Aus der Sonne geboren

DIE KRAFT DES SOMMERS STECKT IN ALL DIESEN
VOR AROMA NUR SO STROTZENDEN GRUNDZUTATEN:
VIELE GEMÜSE UND FRÜCHTE SIND AUF IHREM
HÖHEPUNKT UND KOMMEN AM BESTEN DIREKT VOM
GARTEN AUF DEN TISCH.

BLÄTTERN SIE RUHIG!
Das Einmaleins der Blattsalate

AN DIE KNACKIGEN GRÜNEN BLÄTTER DENKEN DIE MEISTEN, WENN SIE „SALAT" HÖREN. IN DEN LETZTEN JAHREN DURFTEN SICH SALATLIEBHABER ÜBER EINE IMMER GRÖSSERE AUSWAHL DER NICHT ZWANGSLÄUFIG GRÜNEN KÖPFE FREUEN.

KOPFSALAT

Mag ja banal sein, doch er ist der beliebteste Blattsalat Deutschlands. Es gibt ihn das ganze Jahr hindurch, wobei klar sein sollte, dass heimische Freilandware nur im Frühjahr und Sommer erhältlich ist. Die äußeren Blätter sind dann etwas grober und sollten entfernt werden – doch die eigentliche Delikatesse sind eh die Salatherzen. Weil Kopfsalat schnell welkt, muss er rasch verbraucht werden.

EISBERGSALAT

Sieht immer aus wie aus dem Ei gepellt – was gar keine so schlechte Allegorie ist, denn auch den Eisberg muss man „schälen". Und man hat wenig Schwund dabei. Er ist im Caesar's Salad ebenso unverzichtbar wie für (selbst gemachte!) Hamburger, da er im Gegensatz zu anderen Salaten recht formstabil bleibt.

BATAVIA

Da hat sich bei der Kreuzung von Kopf- und Eisbergsalat mal wirklich jemand etwas gedacht: Hier wurden Zartheit und lange Haltbarkeit gut kombiniert. Schon die Farbe in ihrer Mischung aus rötlichem Braun bis hin zu zartem Grün wirkt appetitlich. Ideal als essbare Deko und als Unterlage für Schnittchen.

ENDIVIENSALAT

Endiviensalat wird im Grunde nie als Blatt-salat serviert, sondern streifig geschnitten. Seinem bitteren Grundgeschmack kann man einerseits durch eine längere Wässerung, ande-rerseits durch eine etwas großzügigere Beigabe von Zucker in der Salatsauce entgegen wirken. In der Wirkung ist er verdauungsfördernd und appetitanregend und geschmacklich alles andere als langweilig.

EICHBLATTSALAT

Da haben wir ein fragiles Pflänzchen mit sehr eingeschränkter Haltbarkeit – aber mit tollem Geschmack, der recht nussig sein kann. Seine rötliche Farbe macht ihn in der Salatschüssel zum Hingucker, der sich bestens versteht mit cremigen Zutaten wie Avocado oder Lachs.

RADICCHIO

Das ist nun ein echter Individualist. Radicchio ist nussig und bitter, was aber niemanden da-von abhalten sollte, ihn einzusetzen. Gerade in der Verbindung mit anderen Salaten, mit Ter-rinen, Pates oder selbst ganz banalen Leber-cremes schlägt seine große Stunde.

LOLLO

Kräftig im Geschmack gibt es ihn als „rosso" und „biondo", also tendenziell eher rot oder weiß. Er geht ins leicht Nussige, hat aber viele Vorzüge, die ihn universell einsetzbar machen.

FRISÉE

Frisée ist eine Endivienart, was man auch deutlich schmeckt. Schaut man bei anderen Salatköpfen meist nach schöner Farbe und zarten Blättern, so soll das große Herz hier ganz bewusst gelb-lich bis maximal hellgrün sein – dann ist dieser zackige Salat am besten.

PFLÜCKSALAT

Der Clou an dieser Art ist, dass die Blätter nicht als Kopf, sondern einzeln an einem Stängel wachsen und von diesem nach Bedarf abgeerntet werden können. Kaufen kann man ihn entweder eingetopft zum Selbstziehen, mit Wurzel für die mehrtägige Lagerung im Kühlschrank oder auch schon vorgewaschen im Beutel zum sofortigen Verzehr.

ORIENTAL GREENS

Hierbei handelt es sich um asiatische Schnitt-salate, die botanisch eher den Kohlarten zuzu-rechnen sind. Pak choi, Mizuna, Brauner Senf oder Tatsoi sind auch bei uns in Asiamärkten zu bekommen.

DAS IST *wirklich* WICHTIG

[a] BLÜTEN VERLESEN Essbare Blüten kann man selbst sammeln, aber auch im gut sortierten Supermarkt kaufen. Sie sollten nicht gewaschen werden, dies würde in vielen Fällen die zarte Struktur zerstören. Deshalb nur vorsichtig verlesen und welke Blättchen oder daran sitzende Insekten entfernen. Aus dem gleichen Grund kommen die zarten Blüten auch erst ganz am Ende zum Salat, so saugen sie sich nicht mit dem Dressing voll, sondern entfalten im Mund ihr jeweils eigenes, individuelles Aroma.

BLÜTEN NIE WASCHEN, SONDERN NUR VERLESEN.

SOMMERBLÜTENSALAT
mit Grillfleisch

DAS IST WIRKLICH ETWAS FÜRS AUGE: JUNG, BUNT, AROMATISCH UND SEHR ZART. DAZU RAFFINIERT GEWÜRZTES FLEISCH – EIN DUETT AUS ANMUT UND KRAFT.

Zutaten für 4 Portionen

- 1 EL Grill-Gewürz-mischung (siehe Variante)
- 4 EL Olivenöl
- 300 g Rindersteak
- 300 g Lammhüfte
- 300 g Hähnchenbrustfilet
- 1 Kalbskotelett
- 200 g Babysalate (Batavia, roter Mangold, Mizuna, roter Senf …)
- 1 – 2 Handvoll essbare Blüten (Kapuzinerkresse, Gänseblümchen, Ringel-blumen, Ackerveilchen)
- 1 EL Traubenkernöl
- 1 EL Mandarinenöl
- 1 – 2 EL Weißweinessig
- ½ TL Senf
- ½ TL Zucker
- Salz, Pfeffer aus der Mühle

Zeitbedarf
- 15 Minuten +
  10 – 15 Minuten grillen

So geht's

1. In einer Auflaufform die Gewürzmischung mit 3 EL Olivenöl verrühren. Das parierte – also von Sehnen, Knorpeln und unerwünschtem Fett befreite – Fleisch einlegen und gut wenden. Jedes Fleischstück sollte überall von der Würze umgeben sein. Einige Zeit bedeckt zum Marinieren stehen lassen.

2. Die Babysalate verlesen, waschen und trocken schleudern. Die Blüten durchsehen [→ a], ob sie sauber sind, und eventuell daran sitzende Insekten entfernen.

3. Traubenkernöl, Mandarinenöl und das restliche Olivenöl mit Essig, Senf, Zucker, Salz und Pfeffer kräftig verrühren.

4. Das Fleisch auf dem Grill zubereiten. Dabei zunächst bei starker Hitze angrillen, danach zum Fertiggaren eher an den Rand schieben. Nicht mehr als zweimal wenden.

5. Die Babysalate mit dem Dressing vermischen und dann mit den Blüten bestreuen. Den Salat zum Fleisch servieren.

Maiskolben vom Grill mit ein wenig Kräuterbutter runden das Gericht ab.

Die Variante

Grill-Gewürzmischung
Gewürzmischungen kann man fertig im Supermarkt, beim türkischen Gemüse-händler oder im Feinkost-laden kaufen. Oder Sie stellen sie selbst her. Als Basis dienen jeweils zu gleichen Teilen schwarzer Pfeffer, Koriandersamen, getrocknete Chilis, Karda-mom und Paprikapulver – alles fein zerrieben oder gemahlen. Dazu noch etwas Nelke und Piment, hier aber deutlich weniger, sonst überlagern sie den Geschmack der anderen Gewürze. Die Kür bilden bei frischen Mischungen gehackter Knoblauch, Salz, Kreuzkümmel und Kurkuma (Gelbwurz).

TOMATENBURG
grün-weiß

DIE KOMBINATION TOMATE MIT MOZZARELLA IST VON KEINEM VORSPEISENBUFFET WEGZUDENKEN. SO ZAUBERT MAN EINEN ECHTEN HINGUCKER DARAUS.

Zutaten für 4 Portionen

4 große Tomaten

Salz

Pfeffer aus der Mühle

etwas dunkler Balsamico (z. B. Vierräuber-Balsamessig, siehe Seite 11)

Zwei Handvoll Basilikumblätter

80 ml Olivenöl

200 g Mozzarella

Zeitbedarf
• 25 Minuten

So geht's

1. In einem mittelgroßen Topf Wasser zum Kochen bringen. Den grünen Stielansatz von den Tomaten entfernen und die Tomaten an dieser Stelle kreuzweise einritzen. Die Tomaten für 30 Sekunden ins kochende Wasser legen bzw. so lange, bis die Haut erste Anzeichen zeigt, sich zu lösen. Mit der Schaumkelle herausholen und sofort in einer mit Eiswasser gefüllten Schüssel abschrecken.

2. Wenn sie abgekühlt sind, die Tomaten mit einem Messer häuten. Horizontal in 4–5 nicht zu dünne Scheiben schneiden, dabei die Scheiben gleich in der richtigen Reihenfolge halten, da sie so wieder zusammengesetzt werden sollen. Jede Scheibe mit etwas Salz, Pfeffer und ein paar Tropfen Aceto Balsamico aromatisieren. Die unterste Scheibe mit dem Stielansatz wird nicht mehr benötigt.

3. In einem kleinen Topf Wasser zum Kochen bringen. Eine Handvoll Basilikumblätter für 15 Sekunden ins Wasser geben, herausholen und unter kaltem Wasser abschrecken. Ohne sie abtropfen zu lassen die Blätter in einem Mixer oder mit dem Zauberstab mit dem Olivenöl pürieren.

4. Mozzarella [→ a] in dünne Scheiben schneiden. Nun die Tomaten auf Tellern anrichten: Dafür zwischen jede Tomatenscheibe (in der richtigen Reihenfolge) eine Scheibe Mozzarella und 1–2 Basilikumblätter stecken, die dabei ruhig dekorativ etwas herausschauen sollten. Zum Schluss jede Tomatenburg mit dem Basilikumöl beträufeln.

Geröstete Ciabatta-Scheiben oder Knoblauch-Baguette dazu reichen.

FREILAND-TOMATEN Dieses Gericht schmeckt am besten mit aromatischen Freiland-Tomaten, die zwischen Juni und Oktober erhältlich sind. Und es macht sich nicht nur als Vorspeise gut, sondern schmeckt auch wunderbar zu einem gegrillten Steak.

DAS IST *wirklich* WICHTIG

[a] BÜFFELMOZZARELLA Verwenden Sie für dieses
Gericht unbedingt echten Büffelmozzarella. Er ist nicht
nur cremiger als die Variante aus Kuhmilch, sondern
hat auch ein wesentlich feineres Aroma.

BOHNENSALAT
mit Speckstreifen und Oliven

EIGENTLICH EIN KLASSIKER UNTER DEN BUFFET-SALATEN, DER ABER LEIDER OFT MIT DOSENBOHNEN ZUBEREITET WIRD. DABEI IST FRISCH SO EINFACH!

Zutaten für 4 Portionen

600 g grüne Bohnen

Salz

2 Zweige Bohnenkraut

2 Scheiben Ingwer

80 g schwarze Oliven ohne Stein

1 Zweig Rosmarin

1 Zwiebel

1 Knoblauchzehe

Pfeffer aus der Mühle

2 EL Rotweinessig

4 EL Olivenöl

4 Scheiben geräucherter Speck

1 TL Butterschmalz

Zeitbedarf

• 15 Minuten +
  10–15 Minuten garen

So geht's

1. Von den grünen Bohnen die Enden abknipsen. Die Bohnen auf eine Länge von 4 cm schneiden und in wenig Salzwasser mit Bohnenkraut und Ingwerscheiben aufkochen. Delikatess- oder Prinzessbohnen benötigen zum Garwerden etwa 8 Minuten, Stangenbohnen 2–3 Minuten mehr. Die Bohnen abseihen und sofort in Eiswasser abschrecken, um den Garprozess zu stoppen und die Farbe zu erhalten.

2. Oliven in Scheibchen schneiden. Die Nadeln vom Rosmarinzweig abstreifen und grob hacken. Zwiebel und Knoblauch häuten. Die Zwiebel halbieren und in dünne Streifen schneiden, den Knoblauch fein hacken.

3. Die Bohnen aus dem Eiswasser heben. Mit Oliven, Rosmarin, Zwiebel, Knoblauch, Salz, Pfeffer, Essig und Olivenöl mischen und etwas durchziehen lassen.

4. Währenddessen den Speck in Streifen oder Würfel schneiden. In einer Pfanne das Butterschmalz zerlassen und darin den Speck knusprig ausbraten. Auf Küchenkrepp entfetten.

5. Den Salat auf 4 Teller portionieren und mit den knusprigen Speckstückchen bestreut servieren.

BOHNENKRAUT UND INGWER bringen noch mehr Geschmack in die Bohnen. Zudem wirkt der Ingwer verdauungsfördernd und mildert die Bildung von Darmgasen, mit denen viele nach dem Genuss von Hülsenfrüchten Probleme haben.

OMAS TOMATENSALAT
mit roten und weißen Zwiebeln

ZU EINEM KRÄFTIGEN VESPER MIT BAUERNBROT UND GERÄUCHERTEN WÜRSTEN BRAUCHT ES EINE ERGÄNZUNG, DIE SÄURE UND FRISCHE BRINGT. HIER IST SIE!

Zutaten für 4 Portionen

800 g Tomaten

1 große weiße Zwiebel

1 große rote Zwiebel

½ Bund Schnittlauch

1 EL Zucker

3 EL Sonnenblumenöl

2 EL Weißweinessig

½ TL Salz

Pfeffer aus der Mühle

Zeitbedarf
• 20 Minuten

So geht's

1. Jede Tomate je nach Größe in 6 – 8 Spalten schneiden, dabei den Stielansatz entfernen.

2. Die Zwiebeln – zusammen sollten es etwa 150 g sein – häuten und in Scheiben schneiden. Die Scheiben mit den Fingern so auseinanderlösen, dass sich einzelne Ringe ergeben.

3. Den Schnittlauch waschen, trocken schleudern und in Röllchen schneiden.

4. Alle Zutaten in eine Schüssel geben, zuckern und kurz durchziehen lassen. Dann Öl und Essig hinzugeben, mit Salz und Pfeffer würzen und gut durchmischen.

Die Variante

Tomatentatar
500 g Tomaten häuten, die Kerne entfernen und das Fruchtfleisch sehr fein würfeln. 2 Schalotten und 2 Knoblauchzehen schälen und ebenfalls in winzige Würfel schneiden. 6 Blätter Basilikum sowie die Blätter von je 4 Stängeln Oregano und Thymian hacken. Alle Zutaten mit 2 EL Olivenöl vermischen und mit Salz und Pfeffer kräftig abschmecken. Passt als Beilage zu gegrilltem Hühnchen oder pochiertem Fisch, eignet sich aber auch als Belag für Crostini sehr gut.

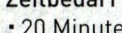

SCHÖN ZWIEBLIG Das Verhältnis von Tomaten zu Zwiebeln kann für Zwiebelfans auch auf 3:1 hochgefahren werden. Dann aber mehr rote als weiße Zwiebeln verwenden, die eine sanftere Schärfe besitzen.

DAS IST *wirklich* WICHTIG

[a] GARPROBE Kontrollieren Sie nach etwa 45 Minuten das Fleisch per Fingerdruck. Fühlen Sie dabei einen festen Widerstand, kann das Fleisch bald herausgenommen werden. Gibt es noch deutlich nach, lassen Sie es noch bis zum Ende der angegebenen Garzeit im Sud ziehen.

[b] SOMMERLICHE WILDKRÄUTER für diesen Salat können zum Beispiel Wiesenklee, Ackersenf, Bachbunge, Portulak, Spitzwegerich oder Sauerampfer sein.

MARINIERTES RINDFLEISCH
mit sommerlichen Wildkräutern

HEIMISCHE WILDKRÄUTER PASSEN WUNDERBAR ZU DEN ASIATISCH AROMEN DES RIND-
FLEISCHS. UND DER REST DES SUDS BEREICHERT SPÄTER NOCH MANCHES WOKGERICHT.

Zutaten für 4 Portionen

150 g Ingwer

2 Stängel Zitronengras

4 kleine rote Chilischoten

2 TL Fünf-Gewürze-Pulver

120 ml Sake (Reiswein)

80 ml Sojasauce

Salz

Pfeffer aus der Mühle

30 g Rohrzucker

2 EL geröstetes Sesamöl

4 Kaffir-Limettenblätter

800 g Rindfleisch
(falsches Filet)

150 g sommerliche
Wildkräuter

1 Knoblauchzehe

4 EL Olivenöl

2 EL Reisessig

1 EL helle Sojasauce

Zeitbedarf
• 20 Minuten +
  1 Stunde garen

So geht's

1. Ingwer schälen und in dünne Scheiben schneiden. Beim Zitronengras den Strunk abschneiden und das äußere Blatt abschälen. Die Halme mit der breiten Seite eines großen Messers andrücken und dann schräg in Stücke von 2–3 cm schneiden.

2. Einen großen Topf mit 1,5 Liter Wasser füllen. Chilischoten, Fünf-Gewürze-Pulver, Reiswein, Sojasauce, 1 TL Salz, Pfeffer, Rohrzucker, Sesam-öl, Ingwerscheiben, Zitronengrasstücke und Limettenblätter einlegen und aufkochen.

3. Die Hitze deutlich reduzieren, das Fleisch einlegen und etwa 1 Stunde bei kleiner Hitze mehr ziehen als köcheln lassen [→ a]. Das Fleisch herausheben, in Alufolie wickeln und abkühlen lassen. Den Fleischsud auffangen und gut verschlossen im Kühlschrank aufbewahren. Er eignet sich zur Aromatisierung von Wokgerichten.

4. Die Wildkräuter [→ b] waschen und trocken schleudern. Die Knoblauchzehe schälen und fein hacken. Aus Olivenöl, Reisessig, Sojasauce, Knoblauch, Salz und Pfeffer eine Vinaigrette rühren oder in einem Schraubglas schütteln.

5. Das erkaltete Fleisch aus der Alufolie wickeln und mit der Schneidemaschine oder mit einem scharfen Messer in möglichst dünne Scheiben schneiden.

6. Jeweils mehrere Scheiben Fleisch auf einem Teller arrangieren. Die Wildkräuter in einer größeren Schüssel mit der Salatsauce vermischen und portionsweise auf die Teller zum Fleisch geben.

Die Variante

Chili-Ingwer-Sauce
300 g rote Peperoni waschen, putzen und grob hacken. 100 g Ingwer schälen und grob würfeln. Mit 100 ml Wasser, 100 g Zucker, 100 g Gelierzucker, Salz und 250 ml weißem Balsamico (Condimento) aufkochen und 30 Minuten köcheln lassen. Mit dem Stabmixer pürieren und erkalten lassen. Damit das Rindfleisch beträufeln. Restliche Sauce in ein Schraubglas fülllen, sie hält sich im Kühlschrank gut 1 Jahr.

GESCHMORTER KOPFSALAT
mit Gemüsevinaigrette

EINEN SALAT SCHMOREN? DA IST MAN ERST EINMAL SKEPTISCH. ABER NUR, BIS MAN ES WIRKLICH PROBIERT HAT. UND DANN? SUCHTGEFAHR!

Zutaten für 4 Portionen

4 große Köpfe Salat

Salz

3 Handvoll Wildkräuter

150 ml Gemüsebrühe

50 g Butter

30 g Karotten

30 g Petersilienwurzel

50 g Schalotten

3 EL Olivenöl

2 EL Weißweinessig

Pfeffer aus der Mühle

Muskatnuss

Zeitbedarf
· 20 Minuten +
  15 Minuten schmoren

So geht's

1. Die Salatköpfe unter fließendem Wasser säubern und den Strunk über Kreuz leicht einschneiden. In einem großen Topf mit reichlich Salzwasser nacheinander jeweils für 1 Minute kochen, dann sofort in Eiswasser abschrecken. Nach dem Abkühlen in einem Tuch gut ausdrücken, die Köpfe halbieren und die groben Strünke entfernen.

2. Backofen auf 180 °C (Umluft 160 °C) vorheizen. Die Wildkräuter – hier eignet sich alles, was gerade Saison hat, wie z. B. Vogelmiere, Giersch, Pimpinnelle, Brennnessel, Melde, Kerbel etc. – kurz in heißem Wasser blanchieren, abschrecken und trocken tupfen. In den Salatkopfhälften verteilen. Die Hälften wieder aufeinanderlegen, so dass es aussieht wie ein ganzer Salatkopf. Die Salatköpfe in eine nicht zu große Bratform legen – die Köpfe sollen dicht aneinander liegen. Mit 100 ml Gemüsebrühe angießen, salzen und Butterflocken daraufsetzen. Im Backofen etwa 15 Minuten schmoren lassen.

3. Unterdessen Karotten, Petersilienwurzel und Schalotten sehr fein würfeln. In 1 EL Olivenöl andünsten, nach 2 Minuten die restliche Gemüsebrühe dazugeben. Mit dem übrigen Olivenöl und dem Essig mischen und mit Salz, Pfeffer und Muskatnuss würzen.

4. Die geschmorten Salate aus der Form heben. Je zwei Hälften mit der Schnittseite nach oben auf einem Teller anrichten. Mit der Vinaigrette beträufeln und servieren.

Mit Parmesanspänen dekorieren und frisches Baguette und etwas Kräuterbutter dazu reichen.

GEMÜSESALAT
mit raffiniertem Pesto

GEMÜSESALAT IST LANGWEILIG? GARANTIERT NICHT! VOR ALLEM WENN MAN DAFÜR SO RICHTIG „G'SCHMACKIGE" ZUTATEN SVERWENDET.

Zutaten für 4 Portionen

200 g Zuckerschoten

200 g Stangenbohnen

200 g Fenchel

200 g Brokkoli

200 g Blumenkohl

Salz

80 g alter Ziegengouda (ersatzweise Pecorino Sardo)

3 Knoblauchzehen

1 Bund Basilikum

1 große Handvoll Vogelmiere

2 Bio-Limetten

150 ml Olivenöl

Pfeffer aus der Mühle

1 kleine Handvoll Walnüsse

besonderes Werkzeug
· Mixer

Zeitbedarf
· 45 Minuten

So geht's

1. Von den Zuckerschoten und den Bohnen die Enden abschneiden. Vom Fenchel den Boden abschneiden, die äußerste Schicht ablösen und auch das Grün von den Stängeln entfernen. Den Fenchel mit einem großen Messer in Spalten schneiden. Brokkoli und Blumenkohl putzen und in Röschen teilen.

2. In einem großen Topf Salzwasser zum Kochen bringen und darin die Gemüse garen. Zuckerschoten, Brokkoli und Blumenkohl für 3 Minuten, Fenchel und Bohnen für knapp 5 Minuten. Das jeweils gare Gemüse in einer Schüssel mit Eiswasser abschrecken und alles beiseitestellen.

3. Den Käse grob stückeln und im Mixer zerkleinern. Knoblauch häuten und ebenfalls in den Mixer geben. Basilikumblätter und Vogelmiere waschen, trocken schütteln und grob hacken. Mit einem Zestenreißer die Schale von den Limetten abziehen und fein hacken, dann die Limetten auspressen. Kräuter, Limettenschale und -saft ebenfalls in den Mixer füllen und alles pürieren. Nun das Olivenöl in einem feinen Strahl einlaufen lassen. Zum Schluss das Pesto mit Pfeffer und Salz abschmecken.

4. Das vorbereitete Gemüse mit dem Pesto vermischen. Die Walnüsse grob hacken und über das Gemüse geben.

Die Variante

Auberginenpüree
500 g Auberginen unter dem Grill des Backofens unter mehrmaligem Wenden so lange garen, bis die Haut dunkelbraun ist. Etwas abkühlen lassen, dann die Haut abziehen. Das Auberginenfruchtfleisch fein hacken. Mit 3 Zehen gehacktem Knoblauch, je 1 EL gehacktem Basilikum, Oregano, Petersilie, Majoran und Pimpinelle sowie 300 g Joghurt mischen. Mit Fladenbrot servieren.

ROMANA-ROLLEN
mit Pute und Koriander

IN ASIEN HAT MAN ES JA GANZ GERNE GEROLLT. HIER DIENT EINMAL SALAT ALS GRÜNE AUSSENHÜLLE FÜR EIN BUNT GEFÜLLTES FINGERFOOD.

Zutaten für 4 Portionen

3 Knoblauchzehen

20 g Ingwer

60 ml helle Sojasauce

300 g Putenbrust

100 ml Weißweinessig

120 g Zucker

2 kleine rote Chilischoten

1 Karotte

1 gelbe Paprika

1 Kopf Romanasalat

Saft von 1 Limette

40 ml Austernsauce

20 g Butter

1 EL Olivenöl

1 Bund Frühlingszwiebeln

1 kleines Bund Koriandergrün

Zeitbedarf
• 30 Minuten +
  1 Stunde marinieren +
  5 Minuten braten

So geht's

1. Knoblauch schälen und fein hacken. Ingwer schälen und fein würfeln. Jeweils die Hälfte davon mit 2 EL Sojasauce verrühren und damit die Putenbrust bestreichen. Bei Raumtemperatur eine Stunde durchziehen lassen.

2. Essig mit 100 g Zucker und 1 Chili sowie dem Rest von Knoblauch und Ingwer erhitzen. Karotte schälen und in Stifte schneiden, Paprika putzen und in Streifen schneiden. Die Essigmischung darüber geben und erkalten lassen.

3. Vorsichtig 8 große Blätter vom Romanasalat lösen und für 20 Sekunden in kochendem Wasser blanchieren [→ a]. Abgießen, sofort in Eiswasser tauchen und mit Küchentüchern trocken tupfen. Die dicken Rippen flach schneiden.

4. Die zweite Chili waschen, entkernen und fein hacken. Mit der übrigen Sojasauce, Limettensaft, Austernsauce und dem restlichen Zucker verrühren – das wird später der Dip sein.

5. Die Putenbrust in einem Dampfgarer 15 Minuten garen oder in einer heißen Pfanne mit Butter und Olivenöl bei mittlerer Hitze braten, so dass sie innen noch schön saftig bleibt. Das Fleisch leicht abkühlen lassen und längs in möglichst dünne Scheiben schneiden.

6. Marinierte Karotten und Paprika abgießen, die Chilischote nicht weiter verwenden. Frühlingszwiebeln putzen und in Ringe schneiden. Korianderblätter waschen, gut trocken schütteln und von den Stängeln zupfen.

7. Salatblätter ausbreiten, mit jeweils einigen Putenscheiben, Karottenstiften und Paprikastreifen belegen. Einige Frühlingszwiebeln und Korianderblättchen dazustreuen. Die Seiten einschlagen und längs zu festen, dicken Rollen wickeln. Mit dem Dip servieren.

DAS IST *wirklich* WICHTIG

[a] SALAT BLANCHIEREN Das scheint etwas ungewöhnlich, ist aber wichtig. Nur so bricht der Salat später beim Aufrollen nicht, wie es bei rohen Blättern oft passiert. Und die Rollen schmecken so auch viel harmonischer und weicher.

KALBSBÄCKCHENSALAT
mit Trüffeln und Blüten

WEITER WEG VON EINEM „NORMALEN" FLEISCHSALAT KANN MAN GAR NICHT SEIN. DIESER HIER BESTICHT DURCH SEINE ZARTHEIT UND HAT EINEN EDLEN TOUCH.

Zutaten für 4 Portionen

100 g Karotten

100 g Staudensellerie

2 Schalotten

400 ml Rotwein

4 Kalbsbäckchen à 300 g

1 EL Senf

Salz, Pfeffer aus der Mühle

Mehl zum Bestäuben

2–3 EL Erdnussöl

1 EL Butter

1 EL Tomatenmark

3 Knoblauchzehen

1 Handvoll Thymian

etwas Butter oder Speisestärke

2 EL Balsamico (z. B. Vierräuber-Balsam, siehe S. 11)

etwas Trüffel

1 Handvoll Blüten zur Deko

Zeitbedarf
• 30 Minuten +
  1,5 Stunden schmoren

So geht's

1. Den Backofen auf 180 °C (Umluft 160 °C) vorheizen. Karotten schälen und würfeln. Staudensellerie putzen und in Scheibchen schneiden. Schalotten abziehen und hacken. Rotwein und 150 ml Wasser in einen Bräter gießen und zugedeckt in den Ofen schieben.

2. Von den Kalbsbäckchen [→ a] sämtliche Sehnen, Häute und Fett entfernen. Rundum mit ein wenig Senf bestreichen, salzen und pfeffern. Etwas Mehl über alle Seiten stäuben.

3. Das Öl in einer Pfanne erhitzen und darin die Kalbsbäckchen rundum anbraten. Herausnehmen und in den vorbereiteten Bräter im Ofen setzen.

4. Das Öl aus der Pfanne abgießen, dafür nun die Butter darin zerlassen. Karotten, Staudensellerie und Schalotten in der Butter anrösten, nach 2 Minuten das Tomatenmark hinzugeben und unter Rühren weiterrösten. Mit ein wenig Mehl bestäuben, noch einmal durchrühren und den Pfanneninhalt zu den Kalbsbäckchen in den Bräter füllen. Knoblauchzehen mit der Schale andrücken und mit dem Thymian ebenfalls in den Bräter geben. 1 ½ Stunden bei geschlossenem Deckel im Ofen schmoren lassen.

5. Nach dieser Zeit die Bäckchen aus dem Bräter heben und abkühlen lassen. Die Sauce durch ein Sieb passieren und in einem kleinen Töpfchen bei hoher Hitze etwas einreduzieren lassen. Nach Belieben mit kalter Butter oder etwas Speisestärke binden. Mit dem Essig, Salz und Pfeffer abschmecken.

6. Das inzwischen lauwarme Fleisch [→ b] mit einem sehr scharfen Messer in möglichst dünne Scheibchen schneiden und auf 4 Tellern anrichten. Mit der einreduzierten Sauce, die jetzt als Dressing dient, beträufeln. Trüffel darüber hobeln und mit Blüten (z. B. Borretsch, Ackerveilchen, Kapuzinerkesse) dekorieren.

DAS IST *wirklich* WICHTIG

[a] KALBSBÄCKCHEN besitzen einen hohen Anteil an gallertartigem Bindegewebe, das nicht mit Fett zu verwechseln ist. Dieses Gewebe löst sich beim Garen auf und sorgt dafür, dass das Fleisch wunderbar zart und saftig wird. Prüfen Sie nach 75 Minuten Garzeit die Konsistenz des Fleisches durch Druck mit dem Finger. Gibt das Fleisch kaum noch nach, können Sie es aus dem Ofen nehmen. Es sollte sich so anfühlen wie die eigene Nasenspitze.

[b] LAUWARM bedeutet beim Fleisch, dass es außen fast kalt ist – die Wärme hält sich innen deutlich länger. Anstatt mit einem Messer können Sie das Fleisch auch mit einer elektrischen Schneidemaschine schneiden.

[a]

DAS IST *wirklich* WICHTIG

[a] **MANGO UND PAPAYA** sollten noch nicht ganz reif und vor allem nicht zu weich sein. So bleibt die Optik schön klar und der Salat wird nicht suppig.

[b] **BANANENBLÄTTER** bekommen Sie bei uns meist in gefrorenem Zustand. Lassen Sie die Packung geschlossen auftauen, was 4–6 Stunden dauert. Danach können Sie die mehr als 1 Meter langen Blätter entfalten und zurechtschneiden.

GARNELENSALAT
auf exotische Art

DIESES GERICHT IST EIN ABSOLUTER KLASSIKER ENTLANG ASIENS KÜSTEN.
JEDES LAND UND JEDE REGION HAT DABEI GANZ EIGENE REZEPTDETAILS.

Zutaten für 4 Portionen

- 2 rote Peperoni
- 2 rote Thai-Chili
- Saft von 6 Limetten
- 2 – 3 EL Fischsauce
- 1 EL Rohrzucker
- Salz
- ½ Handvoll Korianderblätter
- ½ Handvoll Thai-Basilikum
- 1 grüne Papaya
- 2 feste Mangos
- 2 EL Öl
- 32 küchenfertig vorbereitete Garnelen (Größe 20/24)
- 2 TL Sesamsaat
- 2 Bananenblätter

Zeitbedarf
- 25 Minuten

So geht's

1. Für das Dressing Peperoni und Chili längs aufschneiden, Kerne entfernen und fein hacken. Mit Limettensaft, Fischsauce und Zucker mischen und mit dem Schneebesen etwas aufschlagen. Mit etwas Salz abschmecken.

2. Koriander und Thai-Basilikum grob hacken und in einem Schälchen beiseitestellen. Die Papaya schälen, Kerne herauskratzen und in sehr feine Stifte schneiden. Die Mangos schälen, Fruchtfleisch vom Kern schneiden und ebenfalls in feine Stifte schneiden [→ a].

3. In einer Pfanne oder einem Wok das Öl heiß werden lassen. Die küchenfertigen Garnelen – also entdarmt sowie ohne Kopf und Schale – darin von jeder Seite maximal 2 Minuten braten. Sind die Garnelen fast durch, mit Sesamsaat bestreuen und unter Rühren die Hitze noch einmal für 1 Minute hochfahren.

4. In einer Schüssel Mango und Papaya mischen und die Hälfte des Dressings dazugeben. Die Garnelen – ohne das Öl aus der Pfanne – dazugeben und vorsichtig durchrühren.

5. Die Bananenblätter [→ b] so zuschneiden, dass mit jeweils einem Stück einer von 4 Tellern belegt werden kann. Darauf je eine Portion der Mango-Papaya-Garnelen-Mischung setzen. Mit dem restlichen Dressing beträufeln und mit Koriander und Thai-Basilikum bestreuen.

Servieren Sie eine Schale knusprige Krabbenchips dazu.

MEDITERRANER GESCHMACK Man kann durch ein etwas anderes Dressing diesen Salat auch in eine mediterrane Geschmacksrichtung lenken. Den Limettensaft beibehalten, dafür die Fischsauce durch 3 EL eher trockenen Marsala ersetzen. Dieser ist aber immer noch so süß, dass man den Zucker weglassen kann. Die Kräuter gegen europäischen Basilikum austauschen.

REISNUDELSALAT
mit Grapefruit und Gambas

GANZ UNTERSCHIEDLICHE AROMEN SPIELEN HIER ZUSAMMEN, OHNE DASS SICH EINES IN DEN VORDERGRUND DRÄNGT.

Zutaten für 4 Portionen

250 g Reisnudeln (Vermicelli)

1 Stängel Zitronengras

1 große rosa Grapefruit

1 große Tomate

3 Frühlingszwiebeln

1 kleine Handvoll Minze

1 kleine Handvoll Koriandergrün

50 g Erdnüsse

1 kleine rote Chili

1 Knoblauchzehe

1 EL Rohrzucker

Saft von 5 Limetten

2 EL Fischsauce

16 küchenfertig vorbereitete Gambas

1 EL Pflanzenöl

1 TL Chiliöl

Salz

Pfeffer aus der Mühle

Zeitbedarf
• 25 Minuten

So geht's

1. Die Reisnudeln nach Packungsangabe kochen. Inzwischen vom Zitronengras das äußere harte Blatt entfernen und den hellen inneren Teil mit einem großen Messer sehr fein hacken. Die Grapefruit filetieren und die Filets in Stücke schneiden [→ a]. Die Tomate kurz mit heißem Wasser überbrühen, häuten, entkernen und fein würfeln. Frühlingszwiebeln putzen und in feine Ringe schneiden. Die Kräuter hacken. Alle vorbereiteten Zutaten sowie die Hälfte der Erdnüsse in einer großen Schüssel mischen. Dabei vom Koriandergrün einen kleinen Teil zurückbehalten.

2. Die Chilischote längs halbieren, entkernen und fein hacken. Knoblauch schälen und ebenfalls hacken. In einer kleinen Schüssel Chili, Knoblauch, Zucker, Limettensaft und Fischsauce verrühren und abschmecken [→ b].

3. Die fertig gegarten Nudeln abseihen und mit kaltem Wasser abspülen, bis sie richtig abgekühlt sind [→ c]. Die abgetropften Nudeln in die Schüssel zu der Grapefruitmischung geben, das Dressing darüberschütten und alles gut vermischen.

4. In einer Pfanne oder auf dem Grill die Gambas in Pflanzen- und Chiliöl von jeder Seite höchstens 2 Minuten anbraten, so dass sie innen noch glasig sind. Dabei salzen und pfeffern. Den Nudelsalat auf 4 Portionen verteilen, je 4 Gambas darauf anrichten und mit den restlichen Erdnüssen und Korianderblättchen dekorieren.

DAS IST *wirklich* WICHTIG

[a] GRAPEFRUIT FILETIEREN Von der Grapefuit zunächst oben und unten eine Kappe abschneiden. Nun die Frucht auf ein Brett stellen und die Schale sowie die darunterliegende weiße Haut komplett abschneiden. Jetzt kann man mit einem schafen Messer die einzelnen Filets zwischen den Trennhäutchen herauslösen.

[b] DAS DRESSING können Sie ruhig einen Tag vorher zubereiten und im Kühlschrank aufbewahren. Dadurch intensivieren sich die Aromen. Die Sauce soll gleichzeitig scharf, süß und sauer sein. Seien Sie auch nicht allzu sparsam mit der Fischsauce. Sie riecht pur zwar sehr intensiv, ihr Aroma sorgt aber für den richtigen Kick in diesem Salat.

[c] NUDELN ABSPÜLEN Durch das kräftige Spülen der Nudeln mit kaltem Wasser wird die noch anhaftende Stärke abgewaschen. So verhindert man, dass die Nudeln im Salat zusammenkleben.

SCHALE UND WEISSE HAUT VOLLSTÄNDIG ABSCHNEIDEN.

GURKENSALAT
mit Zitronengras und Sprossen

TYPISCH KALIFORNISCH: MAN NEHME EIN ALTES GRUNDREZEPT UND MACHE DARAUS EINE EIGENE ERFINDUNG. DAS ERGEBNIS? PROBIEREN SIE SELBST ...

Zutaten für 4 Portionen

1 grüne Thai-Chili

1 Knoblauchzehe

100 ml Weißweinessig

2 Stängel Zitronengras

1 ½ Salatgurken

2 süße Sommeräpfel

1 große Karotte

1 Handvoll Minze

1 Handvoll Koriandergrün

200 g Bohnensprossen

1 TL Fischsauce

1 TL Sesamöl

Zeitbedarf
• 30 Minuten

So geht's

1. Die Thai-Chili mitsamt den Kernen sehr fein hacken. Knoblauch schälen und ebenfalls sehr fein hacken. Beides mit dem Essig in einem kleinen Töpfchen aufkochen. Vom Herd ziehen, den Deckel auflegen und langsam abkühlen lassen.

2. 1 Stängel Zitronengras schälen und in 5–6 Stücke schneiden. In 100 ml Wasser in einem Töpfchen aufkochen und ebenfalls beiseitestellen. Den zweiten Stängel Zitronengras schälen, so dass nur noch die zarten Innenteile vorhanden sind. Diese mit einem großen Messer sehr fein hacken.

3. Salatgurken schälen, der Länge nach halbieren und die Kerne entfernen. Mit einem Hobel oder einem Messer in dünne Scheibchen schneiden. Die Äpfel schälen, entkernen und in kleine Würfel schneiden. Die Karotte schälen und stifteln. Minze und Koriandergrün von den Stängeln abstreifen und grob hacken.

4. Gurken mit den Sprossen, Äpfeln, Karotten, der Hälfte der Kräuter, Fischsauce und Öl in einer Schüssel mischen. Das klein geschnittene Zitronengras, den abgekühlten Essig mit der Chili und ein Viertel des Zitronengras-Wassers untermischen.

5. Den Salat 2–3 Minuten ziehen lassen, dann die Flüssigkeit komplett abgießen. So bleiben die Aromen am Salat, ohne dass er durchweicht. Den Salat nun mit den restlichen Kräutern vermischt servieren.

DAS SCHMECKT DAZU Dieser Salat eignet sich ganz hervorragend als Begleiter zu gegrilltem Lamm oder Rindersteaks. Die ätherischen Öle der Kräuter sorgen für eine wunderbare Bekömmlichkeit und regen den Stoffwechsel an.

WASSERMELONENSALAT
mit Ziegenfrischkäse

WASSERMELONE ZU SALZEN MAG UNGEWÖHNLICH KLINGEN. DIESE ERFRISCHENDE VORSPEISE WIRD SIE ABER SCHNELL VOM GEGENTEIL ÜBERZEUGEN.

Zutaten für 4 Portionen

700 g Wassermelone

2 TL grobes Meersalz

250 g Ziegenfrischkäse

3 EL bestes Olivenöl

Pfeffer aus der Mühle

Zeitbedarf
· 10 Minuten

So geht's

1. Mit einem scharfen, am besten sogar flexiblen Messer das Fruchtfleisch der Melone von der Schale lösen. Das Fruchtfleisch in 16–20 Stücke schneiden und auf 4 Teller verteilen. Die Melonenstücke mit grobem Meersalz bestreuen.

2. Den Ziegenfrischkäse – je nach Konsistenz – in kleine Würfelchen schneiden oder zerbröseln. Gleichmäßig über die Melonenstücke geben.

3. Melone und Ziegenkäse nun mit Olivenöl besprenkeln und zuletzt den Pfeffer möglichst grob darübermahlen.

Eine erfrischend-leichte Zwischenmahlzeit für heiße Tage.

Die Variante

Melonen-Käse-Salat
700 g Wassermelone wie beschrieben vorbereiten und in mundgerechte Stücke schneiden. 250 g Emmentaler würfeln und mit den Melonenstücken in eine Schüssel geben. Den Saft von ½ Zitrone, 1 EL braunen Zucker sowie je ½ Handvoll gehackte Minze und Zitronenmelisse dazugeben, mischen und 15 Minuten durchziehen lassen. Vor dem Servieren mit Salz und Pfeffer abschmecken.

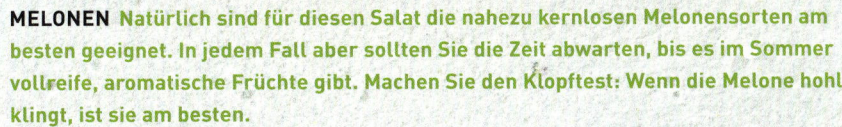

MELONEN Natürlich sind für diesen Salat die nahezu kernlosen Melonensorten am besten geeignet. In jedem Fall aber sollten Sie die Zeit abwarten, bis es im Sommer vollreife, aromatische Früchte gibt. Machen Sie den Klopftest: Wenn die Melone hohl klingt, ist sie am besten.

DAS IST *wirklich* WICHTIG

[a] GARPROBE Die Artischocken sind dann fertig, wenn sich die Blätter problemlos aus dem Strunk herausziehen lassen.

[b] HEU ENTFERNEN Das Heu lässt sich ganz leicht mit einem Messer, einem Kugelausstecher oder einem Löffel entfernen. Auch ein Butterroller funktioniert bestens – mit ihm kann man auch die Paprika säubern und sogar Kürbisse aushöhlen.

DAS HEU MIT EINEM LÖFFEL ENTFERNEN.

ARTISCHOCKENHERZENSALAT
mit Paprika

IM SOMMER HABEN VOR ALLEM FRANZÖSISCHE ARTISCHOCKEN DAS RICHTIGE VERHÄLTNIS VON GESCHMACK UND GRÖSSE. DAMIT LÄSST SICH VIEL ANFANGEN.

Zutaten für 4 Portionen

4 große Artischocken

Salz

1 rote Paprika

4 Frühlingszwiebeln

2 EL Blattpetersilie

1,5 EL Weißweinessig

3 EL Sesamöl

Pfeffer aus der Mühle

1 Prise Zucker

Zeitbedarf
• 20 Minuten +
  20 Minuten garen +
  3 Stunden kühlen

So geht's

1. Die frischen Artischocken in einem großen Topf in Salzwasser etwa 20 Minuten garen [→ a]. Die Blätter abziehen und beiseitestellen (siehe Variante). Das auf dem Böden der Artischocke befindliche Heu abschaben, so dass das Herz sauber ist [→ b]. Die Herzen mit einem Messer vom Strunk trennen und danach in 6 – 8 Stücke schneiden.

2. Die rote Paprika waschen, Stiel und Trennwände mit Samen entfernen und in feine Streifen von etwa 4 cm Länge schneiden. Frühlingszwiebeln waschen, putzen und bis ins helle Grün hinein in feine Ringe schneiden. Die Blattpetersilie waschen, trocken schütteln und hacken. Alle vorbereiteten Zutaten mischen.

3. Aus Essig, Öl, Salz und Pfeffer mit einer Prise Zucker eine Vinaigrette aufrühren. Diese über die Artischockenmischung gießen, mit zwei Löffeln vorsichtig vermengen und vor dem Servieren 3 – 4 Stunden kalt stellen.

Die Variante

Artischockenblätter mit Dip
Die Artischockenblätter zu entsorgen wäre viel zu schade – es ist noch viel Fruchtfleisch an ihnen. Rühren Sie aus 1 Becher saurer Sahne, dem Saft einer halben Zitrone, einem Spritzer Worcestershire-Sauce, etwas Tabasco, 1 TL Tomatenmark, Salz und Pfeffer eine kräftige und dennoch cremige Sauce. In diese hinein dippen Sie die fleischigen Blätter und „zutzeln" Sie Sauce und Gemüseanteil mit den Scheidezähnen ab. Und auch der Salat kann mit diesem Dip noch aufgepeppt werden.

ARTISCHOCKEN BRAUCHEN SALZ Vor dem Servieren den Salat nochmals umrühren und probieren, ob die Würzung noch stimmt. Denn manchmal schlucken Artischocken eine größere Menge Salz einfach weg, dann müssen Sie noch einmal beherzt nachwürzen.

ORANGEN-ZWIEBEL-SALAT
mit Entenleberpâté

DAS PASST ZUSAMMEN? UND WIE! MANCHMAL MUSS MAN EBEN EIN PAAR EXTREME WÄHLEN, UM AUF EINE GOLDENE MITTE ZU KOMMEN…

Zutaten für 4 Portionen

4 dünnschalige Orangen

4 EL Haselnussöl

2 EL Erdbeeressig

1 Prise gemahlener Kreuzkümmel

¼ TL Salz

1 große rote Zwiebel

1 Stange Staudensellerie

1 kleiner Salatkopf

4 Scheiben Entenleberpâté

Zeitbedarf

• 30 Minuten +
  1 Stunde marinieren

So geht's

1. Über einer Schüssel – um den Saft aufzufangen – die Orangen mit einem Messer schälen [→ a]. Die Orangen dann in möglichst dünne Scheiben schneiden.

2. In einer kleinen Schüssel das Haselnussöl zusammen mit dem aufgefangenen Orangensaft, dem Essig, dem Kreuzkümmel und dem Salz mit einem Schneebesen gut vermischen. Ein paar Minuten stehen lassen, damit sich der Geschmack verstärken kann.

3. Die Zwiebel schälen und in sehr feine Ringe schneiden oder auch hobeln. Den Staudensellerie putzen [→ b], wenn nötig entfädeln und quer in feine Scheiben schneiden. Orangen, Sellerie und Zwiebeln in mehreren Schichten in eine Schüssel legen, mit dem Dressing überziehen und eine Stunde bei Raumtemperatur stehen lassen [→ c].

4. Die Blätter vom Salatkopf lösen, waschen und trocken schleudern. 4 flache Teller mit Salatblättern auslegen, darauf den Orangen-Zwiebel-Salat anrichten und auf jede Portion eine Scheibe Entenleberpâté geben.

Mit angeröstetem Weißbrot servieren.

SO SCHMECKT'S AUCH Für eine etwas deftigere Abwandlung 4 rote Zwiebeln schälen, halbieren und in dünne Scheiben schneiden. Mit Orangenstückchen von 2 Orangen sowie 2 EL Sultaninen vermischen. Mit Salz , Peffer, etwas Pflanzenöl und einem wirklich milden dunklen Balsamico abschmecken.

DAS IST *wirklich* WICHTIG

[a] ORANGEN SCHÄLEN Schälen Sie nicht nur die äußere orangene Schale ab, sondern achten Sie darauf, dass auch alles von der bitteren weißen Haut entfernt wird.

[b] ZARTE STANGEN Verwenden Sie vom Staudensellerie vorzugsweise eine der inneren Stangen. Diese sind viel zarter als die äußeren und müssen nicht entfädelt werden.

[c] MARINIEREN Durch das Marinieren bei Raumtemperatur erlaubt man den Aromen, sich besser zu entfalten und ineinander überzugehen – also nicht in den Kühlschrank stellen.

VINAIGRETTES
Essig und Öl in Harmonie

VOM WORTSTAMM DES FRANZÖSISCHEN „VINAIGRE" – ALSO ESSIG – HERRÜHREND, BEZEICHNET VINAIGRETTE EINE SALATSAUCE AUS EINEM TEIL ESSIG, DREI TEILEN ÖL, SALZ, PFEFFER UND ZUCKER.

DIE BASIS VERFEINERN

Je nach Rezept, Geschmack und persönlichen Vorlieben wird diese Basis dann mit Kräutern, Senf, Säften oder weiteren Zutaten angereichert. Viele ersetzen auch, wo es passt, den Essig durch Zitronen- oder Orangensaft, um damit eine weniger saure, dafür aber fruchtige Note ins Spiel zu bringen. Grundsätzlich sollte man zunächst alle übrigen Zutaten miteinander verrühren, bevor man am Ende unter kräftigem Rühren das Öl langsam einfließen läst. Dadurch erzielt man die schönste Bindung und Sämigkeit.

MEERRETTICH-VINAIGRETTE

Stimmen Sie die Vinaigrette auf den jeweiligen Salat ab. Diese kräftige Meerrettich-Vinaigrette würde einen zarten Blütensalat zu Tode erschrecken, zum Schwarzwurzel-Salat jedoch ist sie ein Genuss. Reiben Sie einfach etwas frischen Meerrettich zur Vinaigrette, geben Sie einen Klacks Crème hinzu und verflüssigen Sie das Ganze wieder mit einem Spritzer Mineralwasser.

STEINPILZ-VINAIGRETTE

Zu einem Salat von grünen Bohnen und Speck passt eine Steinpilz-Vinaigrette hervorragend. Ein paar getrocknete Steinpilze in warmes Wasser einlegen und 20 Minuten durchziehen lassen. Steinpilze herausholen und klein schneiden. Das Wasser über ein Tuch absieben und die Flüssigkeit auffangen. Einen kleinen Teil davon zu den üblichen Vinaigrette-Zutaten geben und die geschnittenen Steinpilze im Salat mitverwenden.

AHORNSIRUP-VINAIGRETTE

Einmal etwas völlig anderes für Rohkost-Salate ist eine Ahornsirup-Vinaigrette. Sie besteht aus gleichen Teilen Ahornsirup und hellem Essig, etwas Senf, Wasabi-Paste, gehacktem Knoblauch, Salz und Pfeffer.

MEHR AROMA FÜR BLATTSALATE

Blattsalate leben auf, wenn noch etwas mehr Aroma in der Vinaigrette ist. Das bringen Sie durch einen Spritzer Reiswein oder Sherry, eine kleine Tomate, Schnittknoblauch mitsamt seiner rosa Blüten oder auch Zitruszesten hinein. Die festen Bestandteile dafür möglichst fein geschnitten.

PETERSILIENSALAT
aus der Levante

DIESER SALAT, WIE MAN IHN IM ÖSTLICHEN MITTELMEERRAUM BESONDERS AN HEISSEN TAGEN GERNE ISST, ERFRISCHT AUCH UNS IM SOMMER.

Zutaten für 4 Portionen

150 g Bulgur

5 – 6 Bund Blattpetersilie

1 Bund Lauchzwiebeln

300 g Tomaten

Saft von 1 Zitrone

2 – 3 EL Olivenöl

Salz

Zeitbedarf
• 15 Minuten +
  1 Stunde quellen

So geht's

1. Den Bulgur unter fließendem Wasser abspülen. In eine Schüssel füllen und mit Wasser bedecken, sodass es etwa fingerbreit über dem Bulgur steht. Eine Stunde quellen lassen. Dabei zwischendurch einmal kontrollieren, ob noch genügend Wasser vorhanden ist, evtl. etwas Wasser nachgießen.

2. Petersilie waschen, trocken schütteln und die groben Stängel entfernen. Feinere Stängel zusammen mit den Blättern hacken. Lauchzwiebeln putzen und in feine Ringe schneiden. Tomaten von den Stielansätzen befreien und fein würfeln.

3. Den nun weichen Bulgur abgießen, falls noch Wasser vorhanden ist. Petersilie, Lauchzwiebeln, Tomaten und Zitronensaft daruntermischen. Mit Olivenöl und Salz abschmecken.

Reichen Sie diesen Salat als Vorspeise oder Beilage zu Lammkoteletts

BULGUR findet man in den Spezialitäten-Regalen von Supermärkten aber auch bei jedem türkischen Lebensmittelhändler. Bulgur wird aus gekochten, getrockneten und dann geschroteten Weizenkörnern hergestellt. Sie können ihn auch durch Couscous ersetzen, der aus Hartweizengrieß besteht.

KAROTTEN-INGWER-SALAT
mit geröstetem Sesam

KRÄFTIG ORANGE IN DER FARBE, AROMATISCH IM GESCHMACK UND DURCH DEN SESAM SCHÖN CRUNCHY IM BISS – SALAT KANN RICHTIG SPANNEND SEIN.

Zutaten für 4 Portionen

700 g Karotten

½ Bund Frühlingszwiebeln

2 Tomaten

1 Stück Ingwer (walnussgroß)

½ TL Fenchelsamen

3 EL Sesamsaat

3 EL Weißweinessig

4 EL Sojaöl

Salz

Pfeffer aus der Mühle

8 große Blätter Kopfsalat

Zeitbedarf
• 25 Minuten

So geht's

1. Karotten schälen und in feine Scheibchen schneiden. Das funktioniert am besten mit einem Gourmethobel oder in einer Küchenmaschine mit justierbaren Schneideeinsätzen.

2. Frühlingszwiebeln waschen, putzen und in feine Ringe schneiden, nur die hellen Teile verwenden.

3. Die Tomaten vom Stielansatz befreien, entkernen und in Würfel schneiden. Ingwer schälen und sehr fein würfeln. Fenchelsamen im Mörser fein zerreiben. Dann alle vorbereiteten Zutaten in einer Schüssel mischen und durchziehen lassen.

4. Die Sesamsaat in einer Pfanne ohne Fett anschwitzen lassen, um die ätherischen Öle herauszukitzeln. Aus Weißweinessig, Öl, Salz und Pfeffer eine Vinaigrette herstellen. Zusammen mit dem gerösteten Sesam unter den Karottensalat mischen.

5. Salatblätter waschen und trocken schleudern. Jeweils zwei Blätter auf einen Teller legen und den Karottensalat darauf verteilen.

Die Variante

Marokkanischer Karottensalat
700 g Karotten waschen, schälen und grob reiben. 1 gehackte Knoblauchzehe, ½ TL Kreuzkümmel, 10 Blätter marokkanische Minze, Saft von 1 Limette, 3 TL Weißweinessig und 2 EL Honig in einen hohen Becher geben und durchmixen. Dann 5 EL Olivenöl nach und nach zugeben und zu einer Vinaigrette aufschlagen. Die Karotten mit dem Dressing übergießen, kurz ziehen lassen, evtl. mit etwas Salz nachwürzen und servieren.

GUT HALTBAR Dieser Salat ist optimal geeignet für sommerliche Bufetts, denn er reagiert kaum auf Hitze. Im Kühlschrank hält er sich gut verschlossen bis zu einer Woche. Um den knackigen Biss der Sesamkörner zu behalten, kann man vor dem Servieren jeweils wieder frisch gerösteten Sesam darüberstreuen.

TERIYAKI-HÄHNCHENSALAT
mit Essiggemüsen

DREI, DIE ZUSAMMENPASSEN: SPANNEND MARINIERTES HUHN, IN ESSIGWASSER GEGARTES GEMÜSE UND AROMATISCHE ASIATISCHE BLATTSALATE.

Zutaten für 4 Portionen

- 2 Hähnchenbrustfilets
- 3 EL Teriyaki-Sauce
- 2 EL Sake (Reiswein)
- 1 EL geröstetes Sesamöl
- je 1 TL Korianderkörner und Kreuzkümmel (frisch gemahlen)
- Pfeffer aus der Mühle
- 3 Knoblauchzehen
- 1 rote Chilischote
- 30 g Ingwer
- 200 ml heller Reisessig
- 80 g Zucker, 1 EL Salz
- 200 g Blumenkohl
- 100 g Brokkoli
- 2 Karotten
- 1 EL Erdnussöl zum Braten
- 160 g Asia-Salat
- 40 g Cashewkerne

Zeitbedarf
- 20 Minuten +
  24 Stunden marinieren +
  5 Minuten braten

So geht's

1. Hähnchenbrustfilets in 1 cm breite Streifen schneiden und in eine kleine Schüssel legen. Mit Teriyaki-Sauce, Sake, Sesamöl, Koriander, Kreuzkümmel und Pfeffer mischen. Mit Klarsichtfolie abdecken und für 24 Stunden, mindestens aber über Nacht, in den Kühlschrank stellen [→ a].

2. Knoblauch häuten und fein hacken. Chilischote waschen, entkernen und ebenfalls fein hacken. Ingwer schälen und würfeln. Alles zusammen mit 500 ml Wasser, Reisessig, Zucker und Salz aufsetzen und zum Kochen bringen.

3. Unterdessen Blumenkohl und Brokkoli waschen, putzen und in sehr kleine Röschen teilen. Die Karotten schälen und in feine Scheiben schneiden, entweder mit einem scharfem Messer oder mit einem Gourmethobel. Die Gemüse in eine Schüssel füllen und mit der kochenden Marinade übergießen. Abdecken, beiseitestellen und erkalten lassen.

4. Das Hähnchenfleisch mit einem Sieblöffel aus der Marinade heben und abtropfen lassen. In einer Pfanne das Öl erhitzen. Das Fleisch darin von allen Seiten so anbraten, dass es angebräunt, aber noch nicht komplett durchgegart ist. Die Fleischmarinade in einem kleinen Töpfchen erwärmen.

5. Die Salatblätter waschen und trocken schleudern. Das Gemüse abgießen, sofort mit den Salaten mischen und auf 4 Teller portionieren. Mit Hähnchenstreifen belegen und mit der warmen Marinade beträufeln. Die Cashewkerne grob hacken und über das fertige Gericht streuen.

ASIA-SALATE Green-Boy und Mazuna sind asiatische Salate, die Senf- und Meerretticharomen in sich bergen. Man bekommt sie auf Vorbestellung in Asialäden. Alternativen wären Blattsenf, Mustard Red Giant und Matsuma. Für Salate nur ganz junge, zarte Triebe verwenden.

DAS IST *wirklich* WICHTIG

[a] DIE MARINADE braucht Zeit, um richtig ins Fleisch einzudringen. Es bringt bei Weitem nicht das gleiche geschmackliche Ergebnis, das Fleisch nur kurz für eine Stunde zu marinieren.

DAS IST *wirklich* WICHTIG

[a] GRILLEN Das beste Ergebnis erzielt man mit einem Gasgrill, und hier nicht etwa auf dem Rost, sondern auf der Grillplatte. Damit wird sichergestellt, dass die Hitze nicht direkt an das Grillgut kommt. Bei geriffelten Platten erhält man zudem ein appetitliches Muster.

ZUCCHINI-GRILLSALAT
auf arabische Art

GEMÜSE ERST ZU GRILLEN UND ES DANN SALATIG ANZUMACHEN, IST DER PERFEKTE SOMMERGENUSS. UND DER GRILL STEHT JETZT JA VIELLEICHT SOWIESO IMMER BEREIT.

Zutaten für 4 Portionen

600 g Zucchini

3 EL Pflanzenöl

2–3 TL Baharat

250 g Kirschtomaten

200 g Feta-Käse

½ TL Honigsenf

Saft von 1 Zitrone

1 kleines Bund Minze

Salz

Pfeffer aus der Mühle

Zeitbedarf

- 20 Minuten + 20 Minuten grillen

So geht's

1. Den Grill anheizen.

2. Die Zucchini waschen und abtrocknen. Längs in Scheiben von ½ cm Dicke schneiden.

3. In einer flachen Schale das Öl mit der Baharat-Gewürzmischung (erhältlich bei jedem türkischen Gemüsehändler) verrühren. Die Zucchinischeiben nun entweder mit der Gabel durch das gewürzte Öl ziehen oder das Würzöl mithilfe eines Pinsels auf die Scheiben auftragen. Die Zucchini auf einer großen flachen Schale ablegen.

4. Die Zucchinischeiben portionsweise auf den heißen Grill legen [→ a], sodass keine Scheibe auf der anderen liegt. Grillen, bis die Scheiben auf beiden Seiten eine schöne bräunliche Färbung aufweisen. Die fertig gerillten Scheiben in eine Schale geben.

5. Kirschtomaten waschen und halbieren, Feta-Käse in Würfel von 1 cm Kantenlänge schneiden. Honigsenf mit Zitronensaft verrühren. Die Minze waschen, trocken schütteln, die Blättchen von den Stängeln zupfen und grob hacken.

6. Kirschtomaten und Feta zu den Zucchinischeiben geben und nach Geschmack salzen und pfeffern. Mit der Honig-Zitronen-Mischung beträufeln, die gehackte Minze darüberstreuen und vermischen.

Die Variante

Bunter Grillgemüsesalat
Je 300 g Auberginen, rote oder gelbe Paprika und Fenchel in Scheiben schneiden. Mit dem Würzöl wie beschrieben bestreichen und grillen. 4 EL Naturjoghurt mit dem Saft von 1 Zitrone und etwas Salz verrühren und mit dem abgekühlten Grillgemüse mischen. Mit etwas gehackter Petersilie bestreut servieren.

KEIN GRILL VORHANDEN? Dann schieben Sie das vorbereitete Gemüse doch einfach auf einem Rost unter den Grill Ihres Backofens. 10 Minuten grillen, zwischendurch wenden.

HÜHNCHENSALAT
mit Paprikasirup und Kräutern

EIN ALLESKÖNNER FÜR BUFFETS UND SOMMERFESTE, ALS SNACK ZWISCHEN-
DURCH, FÜRS BÜRO ODER AUCH ALS HIGHLIGHT AUF EINEM BUNTEN SALATTELLER.

Zutaten für 4 Portionen

- 2 rote Paprika
- 1 rote Thai-Chili
- 5 EL Rohrzucker
- 2 EL Reisessig
- ½ TL Salz
- 700 g Hühnerbrust
- 3 EL Olivenöl
- 1 Stange Zimt
- 1 Sternanis
- 1 TL Paprika-Pulver
- ½ TL Chili-Pulver
- 2 Zweige Thai-Basilikum
- 1 kleine Handvoll Koriandergrün
- Saft von 1 Limette
- 4 cl edelsüßer Weißwein

besonderes Werkzeug
· Stabmixer

Zeitbedarf
· 40 Minuten +
  20 Minuten ziehen lassen

So geht's

1. Die Paprika waschen, Kerne und Trennwände entfernen, dann klein würfeln. Chili mit den Kernen hacken. Beides mit Rohrzucker, Reisessig und Salz in 100 ml Wasser aufkochen. Die Hitze etwas reduzieren und 20 Minuten offen simmern lassen, damit möglichst viel Wasser verdunstet und die Flüssigkeit sirupartig einkocht.

2. Hühnerbrüste von Fett und Sehnen befreien. In einer Pfanne Oliven-öl erhitzen, Zimt, Sternanis, Paprika- und Chili-Pulver hinzugeben. Nach 1 Minute die Hühnerbrüste in das gewürzte Öl einlegen und bei mäßiger Hitze 4 – 6 Minuten von beiden Seiten garen.

3. Die Blättchen von den Thai-Basilikum-Zweigen zupfen und streifig schneiden. Den Koriander grob hacken, dünnere Stängel können mit-verwendet werden. Beide Kräuter mit dem Limettensaft mischen.

4. Den inzwischen einreduzierten Paprikasud in einen hohen Becher füllen. Edelsüßen Wein dazugeben und alles mit dem Stabmixer pürieren. Abschmecken und evtl. mit etwas Salz nachwürzen.

5. Die gebratenen Hühnerbrüste in Streifen schneiden. In eine Schüs-sel geben, Kräuter-Chili-Limetten-Mischung und 3 EL vom Paprika-sirup dazugeben und mischen. Bei Raumtemperatur mindestens 20 Minuten ziehen lassen und nach Geschmack noch einmal mit Sirup nachwürzen.

Mit Blattsalaten oder Reis servieren.

SCHARFER TINTENFISCHSALAT
vom Grill mit Rucola

EIN SALAT FÜR LEUTE, DIE GERNE ETWAS MEHR FEUER AUF DEM TELLER HABEN.
DIE MARINADE MACHT AUS DEM TINTENFISCH EIN ECHTES RAUBTIER.

Zutaten für 4 Portionen

600 g küchenfertiger Tintenfisch

2 EL Thymianblättchen

2 EL Oreganoblättchen

2 rote Thai-Chili

2 EL Rapsöl

2 EL Chiliöl

150 g Rucola

200 g Cocktailtomaten

2 Knoblauchzehen

1 Zwiebel

3 Lauchzwiebeln

1 Limette

2 EL Olivenöl

Salz

Pfeffer aus der Mühle

Zeitbedarf
• 35 Minuten +
30 Minuten marinieren

So geht's

1. Den küchenfertigen Tintenfisch in mehrere Teile schneiden, z. B. die Tuben in 6 – 8, die kleinen Tentakel in 4 Teile. Thymian und Oregano hacken. Die Thai-Chili putzen und mit den Kernen fein würfeln. Tintenfisch, Kräuter und die Hälfte der Chili in Raps- und Chiliöl einlegen und darin 30 Minuten marinieren.

2. In der Zwischenzeit den Rucola putzen, waschen und trocken schleudern. Cocktailtomaten waschen und je nach Größe halbieren oder vierteln, dabei den Stielansatz entfernen.

3. Knoblauch und Zwiebel abziehen und in kleine Würfel schneiden. Lauchzwiebeln putzen, waschen und in dünne Ringe schneiden, das dunklere Grün nicht verwenden.

4. Den Tintenfisch auf der heißen Grillplatte 4 – 6 Minuten garen, bis er eine schöne hellbraune Farbe angenommen hat. Etwas abkühlen lassen, dann mit Rucola, Tomaten, Knoblauch, Zwiebel und Lauchzwiebeln in einer Schüssel mischen.

5. Die Limette auf einem Brett mit der Handfläche rollen, damit sich der Saft besser löst. Die Schale mit einem Zestenreißer ablösen und die Zesten fein hacken. Die Limette halbieren und den Saft über dem Salat auspressen. Die Zesten sowie die restliche Thai-Chili dazugeben und mit Olivenöl, Salz und Pfeffer geschmacklich abstimmen.

TINTENFISCH GAREN Viele haben Angst davor, dass ihnen der Tintenfisch nicht weich, sondern zäh wird. Beste Resultate erzielt man mit frischer Ware. In der angegebenen Zeit sollte der Tintenfisch dann butterweich werden. Zäh wird er eher, wenn man ihn zu lange grillt. Die andere Möglichkeit ist, ihn zuvor in Salzwasser 1 Stunde weich zu kochen. Abkühlen lassen, marinieren und erst dann grillen. Hier genügen dann 2 Minuten auf dem heißen Grill.

SPAGHETTINI-SALAT
mit Pfifferlingen und Brunnenkresse

GUT VORZUBEREITEN, RASCH FERTIG GEMACHT UND EINDEUTIG
EIN FALL VON „WAS DER KÜHLSCHRANK HEUTE HERGIBT"...

Zutaten für 4 Portionen

Salz

400 g Spaghettini

300 g frische Pfifferlinge

200 g Cocktailtomaten

4 Frühlingszwiebeln

2 Knoblauchzehen

2 grüne Chilischoten

6 getrocknete Tomaten in Öl

1 Handvoll Brunnenkresse

1 EL Olivenöl

Pfeffer aus der Mühle

1 Schuss Riesling

2–3 EL Walnussöl

2 EL heller Balsamico-Essig

Zeitbedarf

- 30 Minuten +
  7–8 Minuten kochen

So geht's

1. In einem ausreichend großen Topf Wasser zum Kochen bringen, dann salzen. Die Spaghettini im Salzwasser nach Packungsangabe bissfest kochen. Abseihen, kalt abbrausen [→ a] und zurück in den leeren Kochtopf schütten – darin wird später der Salat gemischt.

2. Die Pfifferlinge mit einem Küchentuch oder einem Pinsel putzen und in mundgerechte Stücke schneiden.

3. Tomaten je nach Größe halbieren oder vierteln, dabei den Stielansatz entfernen. Frühlingszwiebeln waschen, putzen und schräg in Stücke von etwa 3 cm Länge schneiden. Knoblauch häuten und fein würfeln. Chilischoten waschen und vom Stiel befreien. Der Länge nach aufschneiden und mit einem Messerrücken Kerne und Trennwände herausschaben. In feine Halbringe schneiden. Getrocknete Tomaten in kleine Stücke schneiden. Die Brunnenkresseblätter von den Stängeln zupfen und mit einem Messer in grobe Streifen schneiden.

4. In einer Pfanne 1 EL Olivenöl erhitzen. Darin zunächst die Frühlingszwiebeln glasig werden lassen. Nun Pfifferlinge, getrocknete Tomaten, Knoblauch, Brunnenkresse und Chilischoten ebenfalls in die Pfanne geben und darin etwa 2 Minuten unter Rühren anschwitzen. Mit Salz, Pfefferund einem Schuss Riesling abschmecken.

5. Den Pfanneninhalt zu den Spaghettini in den Topf schütten, auch die vorbereiteten Tomaten kommen nun hinzu. Walnussöl und den Essig darüberträufeln und alles gut vermischen. Im Idealfall 2–3 Stunden an einem kühlen Platz (jedoch nicht im Kühlschrank) durchziehen lassen und vor dem Servieren nochmals abschmecken [→ b].

VARIANTENREICH Egal was Ihr Gemüsefach zu bieten hat, bei diesem Salat kann es mit dazu. Ob Blumenkohlröschen, Karotten, Gurken, Zucchini – einfach kurz mit anschwitzen. Sie können auch gut auf andere Pilzarten ausweichen oder getrocknete Steinpilze verwenden.

DAS IST *wirklich* WICHTIG

[a] KALT ABBRAUSEN Das Abbrausen mit kaltem Wasser stoppt den Garprozess, so dass die Spaghettini schön al dente bleiben. Außerdem wird so anhaftende Stärke abgespült und die Nudeln kleben nicht zusammen.

[b] ABSCHMECKEN Beim Durchziehen nehmen die Spaghettini viel vom Saft und Aroma der anderen Zutaten auf – aber auch viel Grundwürze, die nach dem Marinieren also wieder aufgefrischt werden muss. Daher nachsalzen und -pfeffern und vielleicht mit einem zusätzlichen Schuss Essig abrunden.

[a]

MITTELMEERSALAT

mit cremigem Touch

MITUNTER BRAUCHT ES EIN WENIG SCHMELZ, UM DEM HUNGER ZU SEINEM RECHT ZU VERHELFEN. DAS MUSS JA GANZ UND GAR NICHT PLUMP SEIN …

Zutaten für 4 Portionen

3 EL Weißweinessig

1 TL Dijon-Senf

Salz

Pfeffer aus der Mühle

50 ml Schmand

4 EL Olivenöl

2 Hühnerbrüste

4 Stangen Staudensellerie

1 kleine Zucchini

250 g Champignons

4 EL Walnüsse

120 g Roquefort

besonderes Werkzeug
· Julienneschneider

Zeitbedarf
· 20 Minuten +
  15 Minuten dämpfen

So geht's

1. Weißweinessig, Senf, Salz, Pfeffer und Schmand verrühren. In einem dünnen Strahl das Olivenöl einlaufen lassen und mit dem Schneebesen schön sämig unterschlagen.

2. Die Hühnerbrüste in einem Dampfgarer, Kombidämpfer oder dergleichen (siehe Tipp) bei 100 °C etwa 15 Minuten dämpfen, sodass sie innen schön zart und saftig bleiben. Leicht abkühlen lassen.

3. Unterdessen den Staudensellerie putzen, waschen und in Julienne-streifen schneiden. Zucchini ungeschält ebenfalls in Julienne-streifen schneiden. Champignons putzen, die untersten Enden der Stiele abkappen und in feine Scheiben schneiden.

4. Walnüsse hacken. Den Roquefort zerbröseln. Die abgekühlten Hühnerbrüste in dünne Scheiben schneiden, salzen und pfeffern.

5. Staudensellerie, Zucchini, Champignons und Huhn in einer Schüssel mischen. Walnüssen und Roquefort dazugeben. Die cremige Vinaigrette nochmals kurz aufschlagen, damit sich Öl und Schmand wieder gut verbinden, über den Salat geben und alles noch einmal gut durchmischen.

IM DAMPF GAREN Wer keinen Dampfgarer hat, behilft sich mit einem alten Trick: In einen großen Topf etwa 3 Finger hoch Wasser füllen. Eine Müslischale hineinstellen und darauf einen Teller oder noch besser einen Siebeinsatz stellen. Darauf kommen dann die Hühnerbrüste und der Topf wird mit einem dicht schließenden Deckel verschlossen. Das Wasser zum Kochen bringen, die Hitze zurückschalten und das Fleisch in 10 – 15 Minuten im Dampf garen.

ÖHRCHENNUDELSALAT
mit Limettendressing

WAS WÄRE EINE PARTY OHNE NUDELSALAT? MIT DIESER SOMMERLICH LEICHTEN UND FRISCHEN VARIANTE WERDEN SIE AUF JEDEN FALL PUNKTEN.

Zutaten für 4 Portionen

- 3 Bio-Limetten
- 300 g Öhrchennudeln (Orecchiette)
- Salz
- 100 g Karotten
- 80 g grüne Oliven ohne Stein
- 100 g rote Paprika
- 30 g Ingwer
- 2 Knoblauchzehen
- 150 g Mozzarella
- 1 EL brauner Zucker
- Pfeffer aus der Mühle
- 3 EL Olivenöl

Zeitbedarf
- 20 Minuten +
  8 Minuten kochen

So geht's

1. Die Schale der Limetten mit einem Zestenreißer abschälen, dann die Früchte auspressen.

2. Die Nudeln in reichlich Salzwasser nach Packungsangabe bissfest kochen. Abseihen und sofort mit kaltem Wasser abbrausen, um den Garprozess zu stoppen. Den Limettensaft darübergeben und gut vermischen.

3. Karotten schälen und fein würfeln. Oliven grob hacken. Die rote Paprika waschen, von Stielansatz, Kernen und Trennwänden befreien und fein würfeln. Ingwer schälen und sehr fein hacken. Knoblauch häuten und ebenfalls sehr fein hacken. Mozzarella in Würfel von etwa 1 cm Kantenlänge schneiden. Die Limettenzesten fein hacken.

4. Alle vorbereiteten Zutaten mit den abgekühlten Nudeln in einer Schüssel mischen. Etwas braunen Zucker darüberstreuen, salzen und pfeffern und mit Olivenöl abrunden.

Die Variante

Klassischer Nudelsalat mit neuem Dressing
Auch der klassische Nudelsalat aus Nudeln (ca. 300 g Rohware), 1 Dose Mais und 200 g Schinken kann ein neues Dressing vertragen. Probieren Sie dieses: 1 TL scharfer Senf, 1 EL Sherry-Essig, Saft und Schale von 1 Bio-Zitrone, 1 EL Kürbiskernöl, 2 EL Olivenöl, Salz und Pfeffer gut verrühren. Für einen kernigen Biss wird der Salat zuletzt mit 2 EL gerösteten Kürbiskernen bestreut.

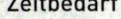

[a]

DAS IST *wirklich* WICHTIG

[a] FISCHFILETS BRATEN Drücken Sie die Fischfilets beim Anbraten etwas auf den Pfannenboden. Dies verhindert, dass sich die Filets biegen, weil sich die Haut durch die Hitze zusammenzieht.

DEN FISCH BEIM AN-BRATEN FLACH DRÜCKEN.

BLUTAMPFER-ROSEN-SALAT
mit gebratenem Zander

DER BETÖRENDE DUFT VON ROSEN IST AUCH IN DER KÜCHE EIN GEWINN. HIER WERDEN SIE NICHT GLASIERT ODER ZU SIRUP GEKOCHT, SONDERN BEREICHERN DIESEN SALAT.

Zutaten für 4 Portionen

1 Handvoll Rosenblätter

1 Handvoll Blutampferblätter

1 kleiner Kopf Bataviasalat

1 EL Koriandersamen

4 Zanderfilets mit Haut

Saft von 1 Bio-Limette

Salz

Pfeffer aus der Mühle

2 EL Essig (z. B. „Balsam of Roses", siehe Seite 11)

3 EL Olivenöl

2 EL Erdnussöl

Zeitbedarf

• 30 Minuten

So geht's

1. Die eventuell noch als Blütenkopf zusammenhängenden Rosenblätter abziehen und in kaltem Wasser waschen. Auf einem Geschirrtuch oder auf Küchenpapier ausbreiten und vorsichtig trocken tupfen. Die Blutampferblätter und den grob zerteilten Bataviasalat ebenfalls putzen, waschen und trocken schleudern.

2. Koriandersamen in einem Mörser oder in der Gewürzreibe nicht zu fein zerstoßen und auf einen flachen Teller geben. Die Zanderfilets auf beiden Seiten mit Limettensaft beträufeln. Auf der Hautseite salzen, pfeffern und die Hautseite in den zerstoßenen Koriandersamen wälzen.

3. Aus Salz, Pfeffer, Essig und 3 EL Olivenöl eine Vinaigrette aufschlagen.

4. Das Erdnussöl in einer Pfanne erhitzen. Darin die Zanderfilets ausschließlich auf der Hautseite bei moderater Hitze etwa 4 Minuten bzw. solange braten, bis die Oberseite beginnt, Eiweiß auszuschwitzen [→ a].

5. Batavia und Blutampfer mit den Rosenblättern mischen, mit der Vinaigrette vorsichtig mischen und auf 4 Tellern anrichten. Die Fischfilets auf den Salat setzen.

Die Variante

Duftender Rosenfisch
Besonders spannend wird es, wenn man die Rosenblätter zur direkten Aromatisierung des Fisches einsetzt. Hierzu 4 enthäutete Fischfilets mit Salz, Pfeffer und Zitronensaft würzen und jeweils einige Rosenblätter darauflegen. Die so vorbereiteten Filets in Frischhaltefolie einwickeln und für 10–15 Minuten – je nach Festigkeit des Fleisches – in einem Dämpfeinsatz garen.

UNBEHANDELTE ROSENBLÄTTER Verwenden Sie nur Rosenblätter, von denen Sie sicher wissen, dass sie nicht gespritzt oder anderweitig behandelt wurden. Um ganz sicher zu gehen, kann man Rosenblätter sogar über das Internet bei Spezialversendern bestellen.

FRUCHTSALAT
mit Holunderblütensirup

EIN FRUCHTSALAT MIT ÜBERRASCHENDEM GESCHMACK: HIER BRINGEN SIRUP
UND SEKT DEN BESONDEREN KICK.

Zutaten für 4 Portionen

15 Dolden Holunderblüten

1 l Wasser

1 kg Zucker

1 Bio-Zitrone

30 g Zitronensäure

500 g Früchte der Saison

10 Blättchen englische Minze

4 EL Sekt

besonderes Werkzeug
· 4 Flaschen oder Schraubgläser
  à 250 ml

Zeitbedarf
· 15 Minuten +
  1 Woche einlegen

So geht's

1. Auf einem Spaziergang Holunderblüten vorsichtig vom Strauch abschneiden. Zu Hause die Dolden von den Stängeln abtrennen. Wasser und Zucker aufkochen. 5 Blütendolden einlegen und für 15 Minuten mitkochen lassen. Das Ganze durch ein Haarsieb oder ein Passiertuch geben, die Flüssigkeit dabei auffangen und erkalten lassen.

2. Die Zitrone waschen und in Scheiben schneiden. Zusammen mit den restlichen Blütendolden und der Zitronensäure zum Zuckerwasser geben und an einem kühlen Ort eine Woche lang durchziehen lassen [→ a]. Dann erneut über ein Haarsieb abgießen und den Sirup in heiß ausgespülte Flaschen oder Schraubgläser abfüllen.

3. Die Früchte – je nach Saison kann das alles sein von Erdbeeren, Pfirsichen und Johannisbeeren bis hin zu Weintrauben, Äpfeln und Orangen – waschen, ggf. schälen oder entkernen und in mundgerechte Stückchen schneiden. Die Minze waschen, trocken schütteln, in Streifen schneiden und unter die Früchte mischen.

4. 4 EL vom Holunderblütensirup mit dem Sekt vermischen und über den Fruchtsalat geben. Vorsichtig vermengen, zum Durchziehen einige Minuten stehen lassen und servieren.

Der Sirup hält sich kühl und dunkel gelagert ein halbes Jahr.

SOMMERDRINK MIT HOLUNDERBLÜTENSIRUP Mixen Sie sich einen erfrischenden Sommerdrink aus je einem Teil Sekt oder Prosecco, einem Teil Mineralwasser mit Kohlensäure und einem Schuss Holunderblütensirup. Eiswürfel und einige Minzblätter dazu – sehr spritzig!

DAS IST *wirklich* WICHTIG

....

[a] ZIEHEN LASSEN Innerhalb einer
Woche löst sich das duftige Aroma
der Holunderblüten im Zuckerwasser.
Rühren Sie den Ansatz in dieser Zeit
immer wieder einmal vorsichtig mit
einem Löffel um.

DAS IST *wirklich* WICHTIG

[a] HOLUNDERBEEREN reifen unterschiedlich schnell am selben Strauch oder gar an derselben Dolde. Achten Sie daher beim Sammeln darauf, nur Dolden mit vollreifen Früchten zu pflücken.

[b] EIS OHNE MASCHINE Wenn Sie keine Eismaschine haben, die Holunder-Joghurt-Masse möglichst in einem flachen Metallgefäß für mehrere Stunden ins Gefrierfach stellen. Dabei alle 30 Minuten mit einer Gabel durchrühren, damit die Eiskristalle klein bleiben und das Eis schön cremig wird.

STACHELBEER-SALAT
mit Holundereis

STACHELBEEREN, EIN ZU UNRECHT ETWAS AUS DER MODE GEKOMMENES OBST, GEBEN DIESEM SOMMERLICHEN GENUSS DAS BESONDERE ETWAS.

Zutaten für 4 Portionen

300 g Stachelbeeren

300 g Holunderbeeren

1 cl Grappa

200 g Sahne

500 g Joghurt

180 g Puderzucker

2 Stängel Zitronenmelisse

25 g Zucker

besonderes Werkzeug
• Eismaschine

Zeitbedarf
• 30 Minuten +
  30 Minuten bzw. mehrere
  Stunden gefrieren

So geht's

1. Stachelbeeren putzen. Dabei Stielreste und das „Bärtchen" am unteren Ende entfernen. Dann waschen und in einem Sieb abtropfen lassen. Holunderbeeren von den Dolden zupfen [→ a], ebenfalls waschen und die Menge in ein Drittel und zwei Drittel aufteilen. Über das eine Drittel den Grappa geben.

2. Die Sahne steif schlagen. Den Zwei-Drittel-Teil der Holunderbeeren pürieren und in einer Schüssel mit dem Joghurt mischen. Den Puderzucker sieben, unter die Joghurt-Beeren-Mischung rühren und die geschlagene Sahne unterheben.

3. Die Zitronenmelisseblättchen von den Stängeln zupfen. Ein paar Blättchen für die Deko zur Seite legen, den Rest fein, aber nicht zu fein hacken. Auch die Melisse unter die Mischung geben, gut durchrühren und in eine Eismaschine füllen. Innerhalb von ca. 30 Minuten fest werden lassen [→ b].

4. Stachelbeeren und die mit Grappa aromatisierten Holunderbeeren in eine Schüssel geben, zuckern, gut vermischen und kurz durchziehen lassen. Mithilfe eines Löffels die Eiscreme zu Nocken formen und auf 4 Tellern mit dem Fruchtsalat anrichten. Mit den beiseitegestellten Melisseblättchen dekorieren.

KRÄFTIGE FARBE Holunderbeeren haben eine hohe Färbekraft. Passen Sie auf Ihre Kleidung auf! Um die Hände nicht allzu rot werden zu lassen, empfiehlt es sich, beim Abzupfen der Beeren Einmalhandschuhe zu tragen. **101**

BUNTER PAPRIKASALAT
mit Radieschen

SO SCHMECKT DER SOMMER! MIT GANZ WENIGEN ZUTATEN ZAUBERT MAN EINE ERFRISCHENDE BEILAGE, DIE SICH AUCH BEIM PICKNICK GUT MACHT.

Zutaten für 4 Portionen

je 1 rote, grüne, gelbe und orange Paprikaschote

1 Bund Radieschen

½ Bund Blattpetersilie

15 Basilikumblätter

1 Schalotte

1 Knoblauchzehe

4 EL Pflanzenöl

2 EL Essig (z. B. Weißburgunderessig, siehe S. 11)

Salz

Pfeffer aus der Mühle

Zucker

Zeitbedarf
• 20 Minuten

So geht's

1. Die Paprikaschoten waschen, vom Stielansatz befreien und mit einem kleinen Messer oder einem gezahnten Butterroller die Trennwände samt der Kerne herauslösen. Zuerst in Streifen von maximal 1 cm Breite schneiden, dann würfeln.

2. Die Radieschen gründlich waschen, das Grün und die Würzelchen entfernen. Jedes Radieschen in 5 – 6 Scheibchen schneiden.

3. Petersilie und Basilikum waschen, trocken tupfen und grob hacken. Die Schalotte und den Knoblauch abziehen und fein würfeln.

4. Das Pflanzenöl mit dem Essig, Salz, Pfeffer und 1 Prise Zucker mit einer Gabel zu einer Vinaigrette aufschlagen.

5. Alle Zutaten in eine ausreichend große Schüssel geben und gut miteinander vermischen.

Schmeckt wunderbar zu Saltimbocca und etwas Weißbrot.

PAPRIKA ist ein guter Vitaminlieferant, denn die Schoten strotzen nur so vor Vitamin C. Gerade im Sommer werden sie außerdem so günstig angeboten, dass man nicht zu Ware im Dreier-Plastikpack greifen muss. Suchen Sie sich die Schoten einzeln aus und wählen Sie dabei die knackigsten.

AVOCADO-PAPRIKA-SALAT
mit roten Zwiebeln

EIN EINFACHES GERICHT, DAS SEINE SPANNUNG AUS DEN UNTERSCHIEDLICHEN KONSISTENZEN SEINER ZUTATEN BEZIEHT.

Zutaten für 4 Portionen

1 rote Paprika

1 gelbe Paprika

2 rote Zwiebeln

1 kleine rote Chilischote

2 reife Avocados

1 kleines Bund Blattpetersilie

1 Knoblauchzehe

100 ml Naturjoghurt

2 EL Orangensaft

1 EL Honig

Salz

Pfeffer aus der Mühle

Zeitbedarf
- 20 Minuten

So geht's

1. Die Paprikaschoten waschen und trocken tupfen. Den Stielansatz entfernen, die Paprika halbieren und Kerne und Trennwände entfernen. Paprika in feine Längsstreifen schneiden und diese in der Mitte halbieren. Rote Zwiebeln häuten und in feine Ringe schneiden oder auch hobeln. Von der Chilischote den Stielansatz entfernen, die Schote der Länge nach aufschlitzen und mit einem Messerrücken die Kerne herausschaben. Die Chili in feine Ringe schneiden. Alles in eine Schüssel geben und zur Seite stellen.

2. Die Avocados aus der Schale lösen. Hierzu zunächst mit einem kleinen Messer entlang der Längsachse der Avocado einmal um die Mitte herum bis auf den Kern hinunterschneiden. Dann die Hälften gegeneinanderdrehen und voneinander trennen. Mit einem Löffel erst den Kern herausnehmen, dann vorsichtig zwischen Schale und Fruchtfleisch fahren und so das Fleisch auslösen. Die Avocados quer in Spalten von 1 cm Dicke schneiden. In einer Schüssel zusammen mit den Kernen beiseitestellen.

3. Blattpetersilie waschen, trocken schütteln und grob hacken. Die Knoblauchzehe abziehen und fein würfeln. Aus Joghurt, Orangensaft, Honig, Salz und Pfeffer und dem Knoblauch ein Dressing rühren.

4. Vorbereitete Salatzutaten, Blattpetersilie und Dressing miteinander vermischen, dann erst die Avocadoschnitze dazugeben und vorsichtig unterheben, sodass sie möglichst wenig zerdrückt werden.

OXIDATION VERHINDERN Um bei Avocados die Oxidation, also das Braunwerden, zu verhindern, geben die meisten Köche Zitronensaft hinzu. Der allerdings lässt Avocados auch leicht aufweichen und matschig werden. Dabei genügt es völlig, einfach den Kern zum ausgelösten Fruchtfleisch zu legen. Im Kern sind Antioxidantien enthalten, die das Fruchtfleisch auf natürliche Weise grün halten.

KRÄFTIG & WÜRZIG
Die Fülle der Erntezeit

HERBST UND WINTER HABEN ES IN SICH:
JETZT ZEIGT SICH DIE INTENSITÄT EINER
LANGEN REIFEZEIT. BESONDERS DIE
ERDE GIBT JETZT KÖSTLICHKEITEN WIE
PILZE ODER WURZELGEMÜSE FREI –
MIT CHARAKTER UND TIEFE.

DRESSINGS
Geschmackvolle Mäntelchen

DRESSINGS HABEN IM UNTERSCHIED ZU VINAIGRETTES ZUMEIST EINE
CREMIGE KONSISTENZ, DENN DIE BASIS BESTEHT AUS MILCHPRODUKTEN
WIE SÜSSER ODER SAURER SAHNE, BUTTERMILCH, JOGHURT, SCHMAND,
CRÈME FRAÎCHE ODER AUCH MAYONNAISE.

GUT UMHÜLLT

Der Begriff Dressing sagt es schon: Da wird
etwas umhüllt, ummantelt, umgeben, quasi
angezogen. Heute ist im modernen, vom Eng-
lischen beeinflussten Sprachgebrauch zwar
die Grenze zwischen Vinaigrette und Dressing
fließend, doch ist ein Dressing stets eine Spur
dicker, und Essig muss nicht zwangsläufig sein.

KLASSISCH-SCHWER

Der US-Amerikaner liebste Dressings sind
Thousand Island (Mayonnaise, Ketchup, bunte
Paprika, Paprikapulver und Tabasco), Ranch
Dressing (Buttermilch, Mayonnaise, Zwiebeln,
Knoblauch, Pfeffer und Essig) sowie Italian und
French Dressing, die beide jedoch eher klassi-
sche Vinaigrettes sind. Allesamt sind sie aber
doch recht schwer und fettreich.

ORIENTALISCH-LEICHT

Orientalische Dressings kommen dagegen eher
aromatisch und leicht daher und können oft
auch als Dips verwendet werden. Verrühren Sie
gesalzenen Joghurt mit Minzeblättchen, Salz
und Limetten- oder Zitronensaft und würzen
Sie nach Belieben ruhig auch etwas schärfer mit
Chilis. Dieses Dressing passt zu einem Couscous-
Salat ebenso gut wie zu Kichererbsen, Gurkensalat oder für Gemüsesticks.

MEXIKANISCH-FEURIG

Knackig scharf kann man ein mexikanisches
Dressing gestalten, das auf Avocado als Basis
basiert. Es hat die berühmte Guacamole zum
Vorbild: Das Avocadofruchtfleisch wird mit
einer Gabel fein zerdrückt, hinzu kommen noch
fein gewürfelte Zwiebelchen, Zitronensaft,
Chilis, Olivenöl und heller Essig. Der Essig
hemmt dabei das Braunwerden der Avocado,
die sonst schnell oxidiert.

MIT HONIG UND SENF

Eine schöne Sache für Blattsalate ist ein Honig-
Senf-Dressing. Verwenden sie etwas Cremiges
wie Schmand, Joghurt oder Sahne als Grund-
lage und mischen Sie Senf – mal scharfen Dijon,
mal groben Rotisseur – unter. Nun runden Sie
das Ganze mit Honig ab und geben noch ein
paar gehackte Kräuter wie Dill, Petersilie, Kresse
oder Schnittlauch dazu. Je nach den verwendeten Zutaten entsteht so jedes Mal ein neues,
individuelles Dressing für Ihren Salat.

DAS IST *wirklich* WICHTIG

[a] DIE HÜHNERLEBERN dürfen nicht trocken werden, sondern sollen schön saftig bleiben. Per Fingerdruck lässt sich das überprüfen: Federt das Fleisch locker zurück, sind die Lebern genau richtig.

AUF FINGER-DRUCK FEDERT DAS FLEISCH LOCKER ZURÜCK.

ROTE-BETE-SALAT
mit Hühnerlebern

DIE KOMBINATION VON ROTER BETE UND INGWER WERDEN SIE LIEBEN, UND
DIE GEBRATENEN HÜHNERLEBERN SETZEN EINEN SCHÖNEN GEGENPOL.

Zutaten für 4 Portionen

4 mittelgroße Rote Beten
(zusammen ca. 600 g)

15 g Ingwer

2 EL Sonnenblumenöl

2 EL Sherry-Essig

Salz

Pfeffer aus der Mühle

400 g Hühnerleber

1 rote Zwiebel

2 Knoblauchzehen

2–3 Stängel Blattpetersilie

1 EL Olivenöl

2 EL weißer Portwein

Zeitbedarf
- 25 Minuten +
  90 Minuten backen +
  1 Stunde abkühlen +
  30 Minuten marinieren

So geht's

1. Backofen auf 200 °C (Umluft 180 °C) vorheizen. Rote Bete gründlich waschen und noch nass einzeln in Alufolie einwickeln. Auf einem Blech in den Ofen geben und 90 Minuten backen. Danach aus dem Ofen nehmen und eingewickelt auskühlen lassen. Dann auspacken, mit einem Messer schälen und in dünne Scheiben schneiden.

2. Ingwer schälen und sehr fein würfeln. Mit Öl, Sherry-Essig, Salz und Pfeffer mischen und über die Rote Bete geben. Idealerweise eine halbe Stunde ziehen lassen.

3. Hühnerlebern in ein Sieb geben und unter fließendem Wasser abspülen. Trocken tupfen, von Sehnen und Fett befreien und in mundgerechte Stücke schneiden. Die rote Zwiebel häuten und in Längsstreifen schneiden. Knoblauch schälen und fein hacken. Petersilienblättchen von den Stängeln zupfen und grob hacken.

4. In einer Pfanne das Olivenöl erhitzen. Die Hühnerlebern zusammen mit den Zwiebelstreifen 3 Minuten anbraten, der Knoblauch kommt erst für die letzte Minute hinzu. Mit Portwein ablöschen und 2 Minuten simmern lassen [→ a].

5. Rote Bete mit den Hühnerlebern auf 4 Tellern anrichten und mit gehackter Petersilie bestreuen.

Die Variante

Rote-Bete-Salat mit Austerndressing
Sehr fein ist ein Salat aus Roter Bete im Salzmantel mit einem Austerndressing. 1,5 kg Meersalz mit jeweils 10 g Kümmel, Kreuzkümmel und schwarzem Kümmel sowie 200 ml Wasser mischen. Ein Drittel auf ein mit Backpapier belegtes Backblech schütten. Darauf die geschälten Rote Bete setzen und mit dem restlichen Salz bedecken. 80 Minuten bei 200 °C backen. Für das Dressing sechs Austern vorsichtig öffnen, dabei das Wasser auffangen. Die Austern klein schneiden und mit 2 EL Pflanzenöl, 2 EL hellem Essig, etwas vom Austernwasser und etwas Fleur de Sel mischen. Rote Bete in Scheiben schneiden und mit dem Dressing übergießen.

ROTE BETE VORGAREN Backen Sie die Rote Bete schon am Vortag. Am nächsten Tag können Sie die Rote-Bete-Scheiben in aller Ruhe marinieren, während Sie die Hühnerlebern verarbeiten, und das Gericht steht in 30 Minuten auf dem Tisch.

ROTKRAUTSALAT
mit frittiertem Lauch

DER BESONDERE REIZ LIEGT IN DEN UNTERSCHIEDLICHEN KONSISTENZEN: HIER DAS SAFTIG-FRUCHTIGE ROTKRAUT, DORT DER KNACKIG FRITTIERTE LAUCH.

Zutaten für 4 Portionen

2 Stangen Lauch

4 – 6 EL Rapsöl

Salz

300 g Rotkraut

1 Bund Brunnenkresse

2 Frühlingszwiebeln

1 Schalotte

2 EL dunkle Sojasauce

1 EL Sherry-Essig

1 EL Olivenöl

Pfeffer aus der Mühle

Zeitbedarf
• 25 Minuten +
10 Minuten frittieren

So geht's

1. Den Lauch putzen, waschen, trocken tupfen und nur die weißen Teile in sehr feine Ringe oder Halbringe schneiden.

2. In einer Pfanne das Öl erhitzen und darin eine Hälfte der Lauchringe frittieren, bis sie eine goldbraune Farbe angenommen haben [→ a]. Mit einem Schaumlöffel herausheben und auf Küchenpapier abtropfen lassen. Mit der zweiten Hälfte des Lauchs ebenso verfahren. Mit etwas Salz überstreuen.

3. Das Rotkraut ohne Strunkteile möglichst fein hobeln, am besten mit einem Trüffelhobel oder einer Mandoline. Die Brunnenkresse waschen, trocken schütteln und von dickeren Stielteilen befreien. Die Frühlingszwiebeln putzen und in Ringe schneiden.

4. Die Schalotte häuten und in Würfelchen schneiden. Sojasauce mit Sherry-Essig, Olivenöl, Salz, Pfeffer und der gehackten Schalotte verrühren.

5. Rotkraut und Brunnenkresse mischen und mit dem Dressing vermengen. Den größten Teil des frittierten Lauchs ebenfalls unterheben. Den Salat auf 4 Tellern verteilen, den restlichen Lauch darübergeben und mit Frühlingszwiebeln bestreuen.

Ein gelungener Auftakt zu herbstlichen Gerichten wie Rehgulasch mit Serviettenknödeln.

DER KNUSPRIGE LAUCH kann gut im Voraus zubereitet werden. In einer luftdicht verschlossenen Dose hält er sich 1–2 Tage. Nur bitte nicht im Kühlschrank lagern, dort verliert er seine Spannung und wird weich und lasch.

DAS IST *wirklich* WICHTIG

[a] LAUCH FRITTIEREN Beobachten Sie Ihren Lauch in der Pfanne aufmerksam. Der Übergang von goldbraun zu verbrannt kann recht schnell gehen, insbesondere wenn die Temperatur des Öls recht hoch ist.

[a]

DER LAUCH SOLL SO GOLDBRAUN SEIN.

WIRSINGSALAT
mit Bohnen und Speck

EIN WINTERLICHER SALAT MIT „SCHMACKES". DIE ITALIENER WÜRDEN FÜR EINEN BESONDERS INTENSIVEN SPECKGESCHMACK LARDO VERWENDEN.

Zutaten für 4 Portionen

- 1 Kopf Wirsing
- 1 rote Paprikaschote
- 2 Karotten
- 2 Schalotten
- 2 Knoblauchzehen
- 1 Dose rote Bohnen (425 g)
- ½ TL Kreuzkümmel
- 1 EL Kümmel
- 200 g durchwachsener Speck
- 50 ml Geflügelbrühe
- 3 EL weißer Balsamico-Essig
- Salz
- Pfeffer aus der Mühle
- 4 EL Olivenöl
- 1 TL Butterschmalz

Zeitbedarf
- 25 Minuten

So geht's

1. Den Wirsing vierteln und die Strünke herausschneiden, dann mit einem Messer in feine Streifen schneiden oder mit einem Gemüse-hobel hobeln. Es sollten ca. 500 g geputzter Wirsing sein. Wirsing in eine große Schüssel füllen.

2. Paprika waschen, Stielansatz, Scheidewände und Kerne entfernen, dann würfeln. Karotten schälen und in feine Stifte schneiden. Schalotten und Knoblauch abziehen und fein hacken.

3. Die Bohnen aus der Dose über einem Sieb abgießen, kurz mit Wasser abspülen und zusammen mit dem vorbereiteten Gemüse zum Wirsing geben.

4. Den Kreuzkümmel im Mörser zerstoßen und zusammen mit dem Kümmel ebenfalls in die Schüssel geben. Den Speck würfeln und die Hälfte davon zum Wirsing geben.

5. Aus Geflügelbrühe, Essig, Salz, Pfeffer und Olivenöl eine Vinaigrette schlagen. Über das Gemüse gießen und alles gut vermengen. Etwas durchziehen lassen.

6. In einer Pfanne das Butterschmalz erhitzen und darin den restlichen Speck auslassen. Auf einem Küchentuch entfetten und vor dem Servieren über den Wirsingsalat geben.

SO SCHMECKT'S AUCH Eine andere geschmackliche Note erhalten Sie, wenn Sie zusätzlich mit Cayenne-Pfeffer, Paprika oder gar Fenchelsamen würzen. Den Speck können Sie durch 200 g luftgetrockneten Schinken wie Serrano, San Daniele oder Parma ersetzt.

WURSTSALAT
Klassiker mit Kick

ZWEI DINGE SIND WICHTIG, DAMIT DIESER SALAT KEINE LANGWEILIGE ANGELEGENHEIT WIRD: RICHTIG GUTE WURST UND EIN PAAR UNERWARTETE ZUTATEN.

Zutaten für 4 Portionen

600 g gute Schinken- oder Jagdwurst

4 Essiggürkchen

1 Gärtnergurke

½ kleine Fenchelknolle

100 g mittelalter Comté

1 große rote Peperoni

½ gelbe Paprikaschote

2 Knoblauchzehen

½ Handvoll Basilikumblätter

½ Handvoll Koriandergrün

1 Stängel Zitronengras

2 EL Ingweressig

2 EL Olivenöl

Salz

Pfeffer aus der Mühle

Zeitbedarf
• 30 Minuten

So geht's

1. Die Wurst in Scheiben und danach in Streifen schneiden. Essiggürkchen in Scheiben schneiden. Die Gärtnergurke schälen, halbieren und die Kerne entfernen. Das Fruchtfleisch in schmale Halbringe schneiden.

2. Den Fenchel putzen und mit einer Mandoline, einem Trüffelhobel oder einem Messer in möglichst hauchdünne Scheibchen schneiden.

3. Comté in schmale Streifen schneiden. Die Peperoni waschen, der Länge nach aufschneiden, entkernen und fein würfeln, die Paprika ebenso. Den Knoblauch abziehen und ebenfalls fein würfeln. Basilikum und Koriandergrün hacken.

4. Vom Zitronengras das untere Ende abschneiden, das harte äußere Blatt sowie das obere Drittel des Stängels entfernen. Den Rest mit einem scharfen Messer so fein wie möglich hacken.

5. Alle Zutaten in eine Schüssel geben. Mit Ingweressig, Olivenöl, Salz und Pfeffer vermischen und etwas durchziehen lassen.

RICHTIG GUTE WURST ist der entscheidende Grundfaktor bei diesem Salat. Verwenden Sie keine geschmacklose Industrie-Lyoner, sondern lassen sie sich von einem guten Metzger schön würzige Schinken- oder Jagdwurst geben. Und peppen Sie den Salat zusätzlich noch mit ein paar Salamistreifen auf.

Die Variante

Ingweressig
Wenn Sie keinen Ingweressig bekommen, können Sie diesen auch ganz einfach selbst machen. Ein 2–3 cm langes Stück Ingwer mit Schale in Scheiben schneiden, in kochendem Wasser kurz blanchieren und für einige Wochen in ½ l Weißweinessig legen. Danach den Ingwer entfernen. Je mehr Ingwer Sie verwenden, desto intensiver wird der Geschmack.

ROTE-LINSEN-SALAT
mit Wachtelbrüstchen

LINSEN WERDEN GERNE UNTERSCHÄTZT. DABEI LASSEN SIE SICH ÄUSSERST VARIANTENREICH ZUBEREITEN – WIE HIER ALS CREMIGER SALAT.

Zutaten für 4 Portionen

3 Schalotten

2 Karotten

1 rote Paprikaschote

300 g rote Linsen

4 EL Olivenöl

50 ml Weißwein

150 ml Geflügelbrühe

200 ml Kokosmilch

½ TL Kurkuma

½ TL Cayennepfeffer

1 TL Kreuzkümmel

Salz

Pfeffer aus der Mühle

1–2 EL Weißweinessig

20 g Butter

4 Knoblauchzehen

8 Wachtelbrüstchen

Kerbel zum Dekorieren

Zeitbedarf
• 40 Minuten

So geht's

1. Schalotten abziehen und fein hacken. Die Karotten schälen und in kleine Würfel schneiden. Die Paprikaschote waschen, vom Stielansatz befreien, entkernen und ebenfalls klein würfeln. Die Linsen in ein Sieb geben und unter fließendem Wasser kalt abspülen, danach gut abtropfen lassen.

2. In einem breiten Topf die Hälfte des Öls erhitzen und darin zuerst die Schalotten andünsten, dann die Karotten und zuletzt die Paprika dazugeben und mitdünsten. Nach 1 Minute auch die Linsen dazugeben und für 1 Minute unter ständigem Rühren anschwitzen. Mit dem Wein angießen und so lange köcheln, bis er von den Linsen aufgesogen wurde.

3. Erst jetzt mit Geflügelbrühe aufgießen und ebenfalls etwas einreduzieren. Auf kleine Hitze schalten und die Kokosmilch angießen. Mit Kurkuma, Cayennepfeffer und Kreuzkümmel sowie Salz und Pfeffer würzen. 5–7 Minuten köcheln lassen und dabei immer wieder umrühren, bis die Linsen gerade noch bissfest sind. Den Topf vom Herd ziehen, den Essig dazugeben [→ a], durchrühren und etwas abkühlen lassen.

4. In einer Pfanne das restliche Öl erhitzen und darin bei mäßiger Hitze die Butter zerlassen. Die Knoblauchzehen mit einem breiten Messer andrücken und mitsamt der Schale in die Pfanne geben. In dieser Mischung die Wachtelbrüstchen von beiden Seiten langsam goldgelb anbraten. Zum Schluss salzen und pfeffern.

5. Die Linsen vor dem Servieren nochmals mit Essig abschmecken. Zusammen mit den Wachtelbrüstchen und abgezupften Kerbelblättchen servieren.

DAS IST *wirklich* WICHTIG

[a] DER ESSIG hat zweierlei Funktionen. Zum einen sorgt er dafür, dass die Linsen farblich nicht noch mehr verblassen, als das beim Kochen ohnehin schon passiert. Zum anderen bringt er eine frische Würze hinein. Verwenden Sie auf jeden Fall einen hellen Essig, dunkler Essig lässt die Linsen grau erscheinen.

DAS IST *wirklich* WICHTIG

[a] JULIENNE-SCHNEIDER und Zestenreißer sind wirklich sehr hilfreiche Küchenwerkzeuge. Damit erhält man feinste Streifen, die man dann auch zu winzigen Würfelchen weiter verarbeiten kann. Ideal für Knackigkeit und Aroma.

COUSCOUS-SALAT
mit buntem Gemüse

EIN LEICHTER SATTMACHER – DAS MUSS KEIN WIDERSPRUCH SEIN. ÄTHERISCHE ÖLE UND INTENSIVE GEWÜRZE MACHEN IHN BESONDERS BEKÖMMLICH.

Zutaten für 4 Portionen

- ½ Bio-Orange
- ½ Bio-Zitrone
- 2 Knoblauchzehen
- 40 ml Himbeer-Essig
- Salz, Pfeffer aus der Mühle
- 1 TL Fünf-Gewürze-Pulver
- ¼ TL Fenchelsamen
- ¼ TL Kurkuma
- ¼ TL Ingwerpulver
- 60 ml Olivenöl
- 300 g Couscous
- 1 Karotte
- 2 kleine Zucchini
- 3 Stängel Staudensellerie
- 2 Tomaten
- ½ Bund Koriandergrün

besonderes Werkzeug
- Julienne-Schneider
- Zestenreißer

Zeitbedarf
- 30 Minuten +
  30 Minuten abkühlen

So geht's

1. Die Schale von der halben Orange und Zitrone mit einem Zestenreißer abschälen und fein hacken. Dann die Fruchthälften auspressen.

2. Knoblauch schälen und fein würfeln. Orangen- und Zitronensaft, Himbeer-Essig, Salz, Pfeffer, Fünf-Gewürze-Pulver, Fenchelsamen, Kurkuma und Ingwerpulver sehr gut mischen – am besten mit einem Schneebesen. Nun unter ständigem Schlagen das Öl langsam einfließen lassen, bis die Konsistenz leicht sämig ist.

3. 500 ml Wasser sprudelnd aufkochen. Couscous in eine Schüssel füllen und mit dem kochenden Wasser begießen. Sofort mit einer Gabel gut durchrühren, damit sich keine Klümpchen bilden. Der Couscous saugt das Wasser auf und quillt.

4. Karotte schälen, Zucchinis waschen. Von beiden mit einem Julienne-Schneider [→ a] feine Strei-fen abziehen. Selleriestängel waschen, putzen und in feine Scheibchen schneiden. Tomaten waschen, Stielansatz entfernen, entkernen und fein würfeln. Koriandergrün hacken.

5. Alle Gemüsezutaten mit dem abgekühlten Couscous und dem Dressing gut vermischen und mit dem Koriandergrün bestreuen.

GEWÜRZE Anstatt mit Fünf-Gewürze-Pulver können Sie auch je 1 Messerspitze Zimtpulver, gemahlenen Pfeffer und Muskat sowie eine fein zerstoßene Gewürz-nelke verwenden.

Die Variante

Arabischer Couscous-Salat
300 g Couscous wie be-schrieben aufquellen und abkühlen lassen. 1 Gurke, 2 Tomaten und 1 rote Paprikaschote waschen, putzen und würfeln. Zum Couscous geben und mit dem Saft von 2 Zitronen sowie Salz, Pfeffer und etwas Rosen-Paprika mischen. 200 g Feta-Käse würfeln, ein kleines Bund Minze hacken und beides unter den Salat heben.

[a]

DAS IST
wirklich
WICHTIG

....

[a] KÜRBIS BRATEN Achten Sie darauf, dass jede Kürbisspalte vollen Kontakt zum Pfannenboden hat – nur so werden sie von beiden Seiten schön gleichmäßig braun.

KÜRBISSALAT
auf sizilianische Art

EIN REZEPT FÜR ALLE, DIE KÜRBIS LIEBEN, ABER NACH DER FÜNFTEN SUPPENVARIANTE DOCH GERNE ETWAS NEUES AUSPROBIEREN WOLLEN.

Zutaten für 4 Portionen

1 Hokkaido-Kürbis (ca. 800 g)

Salz

100 g Zucker

4 Knoblauchzehen

1 kleines Bund Minze

4 EL Olivenöl

100 ml Weißweinessig

50 g Rosinen

Pfeffer aus der Mühle

Zeitbedarf

- 20 Minuten +
  1 Stunde ruhen +
  10 Minuten garen

So geht's

1. Den Kürbis außen gründlich waschen, dann halbieren. Mit einem scharfkantigen Löffel oder auch einem Butterroller Kerne und Fäden entfernen. Den Kürbis in Spalten mit einer Randdicke von 1,5 cm schneiden. Mit 2 TL Salz und 1 EL Zucker einreiben und 1 Stunde ruhen lassen. Abspülen und trocken tupfen.

2. Knoblauch schälen und in möglichst dünne Scheiben schneiden. Minze waschen, trocken schütteln, Blättchen von den Stängeln zupfen und streifig schneiden.

3. In einer Pfanne das Olivenöl erhitzen und die Kürbisspalten darin portionsweise auf beiden Seiten braten [→ a]. Aus der Pfanne nehmen und zum Entfetten kurz auf Küchenpapier wenden. In eine flache Schale legen.

4. In der öligen Pfanne den Essig mit dem restlichen Zucker aufkochen und bei mittlerer Hitze 15 Minuten einreduzieren lassen. Für die letzten 5 Minuten die Rosinen hinzugeben. Mit Salz und Pfeffer abschmecken.

5. Knoblauch und den größten Teil der Minze auf den Kürbis geben, mit der Sauce übergießen und mit der übrigen Minze bestreuen.

Die Variante

Fruchtiger Kürbissalat
600 g Hokkaido-Kürbis (geputzt gewogen) grob raspeln. 2 Äpfel schälen, Kerngehäuse entfernen und ebenfalls raspeln. 1 Grapefruit schälen, dabei das Weiße vollständig entfernen und die Filets herausschneiden. Diese jeweils vierteln und zu Kürbis und Äpfeln geben. 250 g Joghurt mit 2 EL Zitronensaft, 2 EL geriebenen Walnüssen und 1 EL Honig verrühren. Über Kürbis und Früchte gießen und gut vermischen.

KÜRBISSE LAGERN Kürbisse lassen sich – bis auf Halloweenkürbisse, gelbe und rote Zentner – sehr gut lagern. Vor dem Einlagern die Kürbisse waschen und auf weiche Stellen (Verletzungen durch Stoß oder Fall) überprüfen. Am besten geeignet ist ein gleichmäßig kühler Kellerraum. Ab und an angeschlagene Exemplare aussortieren.

DAS IST *wirklich* WICHTIG

[a] WARMES WASSER Der bittere Geschmack sowohl von Chicorée wie auch von Radicchio lässt sich abmildern, indem man die Salate für eine Minute in warmes Wasser legt. Dadurch wird auch die Konsistenz der Blätter etwas zarter. Da gerade Chicorée ja auch gut zum Braten geeignet ist, macht ihm die Wärme nichts aus.

[a]

CHICORÉESALAT
mit Blutorangen und Blauschimmelkäse

FRISCH, WEICH, CREMIG, LEICHT BITTER, HERRLICH SÜSS UND AUCH NOCH
SEHR HÜBSCH ANZUSCHAUEN – DAS IST GENUSS MIT ALLEN SINNEN.

Zutaten für 4 Portionen

4 Chicorée

4 Blutorangen

4 EL Traubensaft

2 EL Traubenkernöl

2 EL Olivenöl

1 EL Honig

150 g Blauschimmelkäse

Salz

Pfeffer aus der Mühle

Zeitbedarf
• 25 Minuten

So geht's

1. Vom Chicorée das untere Ende abschneiden, dabei die äußeren Blätter lösen. Den Strunk keilförmig herausschneiden und den Chicorée in Streifen schneiden. In ein Sieb geben und kalt abspülen oder kurz in warmes Wasser legen [→ a], dann trocken tupfen oder schleudern.

2. Die Blutorangen schälen und dabei auch die bittere weiße Innenhaut entfernen. Mit einem scharfen Messer die Filets auslösen, indem man an den Trennwänden entlang schneidet (siehe S. 74/75).

3. Aus Traubensaft, beiden Ölsorten, Honig und 50 g des Blauschimmelkäses mit Salz und Pfeffer ein Dressing rühren, das möglichst sämig sein sollte.

4. Auf den Tellern bilden die Chicoréestreifen die Basis. Darüber die Blutorangenfilets dekorativ anrichten und mit dem Dressing beträufeln. Der restliche Blauschimmelkäse wird – abhängig von der Sorte – entweder in Scheiben geschnitten und dazugelegt oder man bröselt ihn einfach obendrauf.

Die Variante

Chicorée-Radicchio-Salat mit Feigen
3 Chicorée wie im Rezept beschrieben schneiden, 1 Kopf Radicchio grob zerrupfen, alles waschen und miteinander mischen. In einer Pfanne ohne Fett 2 EL Pinienkerne ganz leicht anrösten, aber nicht bräunen. Aus 4 EL Orangensaft, 3 EL Öl, Salz, Pfeffer und einem Schuss Gemüsebrühe ein Dressing rühren. 4 Feigen vierteln. Den Salat auf 4 Teller portionieren, darauf die Feigen setzen und mit Dressing überziehen. Auf jeden Teller 2 Ecken guten, reifen Rohmilch-Camembert geben und mit Pinienkernen bestreut servieren.

BLAUSCHIMMELKÄSE Die Wahl des Käses bestimmt den Endgeschmack und die Optik. Ein englischer Stilton ist cremig mit leichter Schärfe, wird aber mit Sicherheit bröseln. Ein Roquefort hat viel Schmelz, aber auch ihn kann man nur schlecht in Scheiben schneiden. Die besten Chancen auf ordentliche Scheiben hat man mit einem jungen Gorgonzola, der von allen drei auch den mildesten Geschmack mitbringt.

GRAPEFRUITSALAT
mit Rotkraut und Chili

DER VITAMINKICK, DER IM WINTER FÜR WOHLIGE WÄRME VON INNEN SORGT: FRUCHTIGE GRAPEFRUIT TRIFFT AUF KNACKIGES ROTKRAUT UND FEURIGE CHILIS.

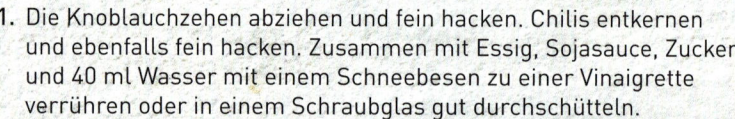

Zutaten für 4 Portionen

2 Knoblauchzehen

1–2 grüne Thai-Chilis

30 ml Reisessig

50 ml helle Sojasauce

30 g Zucker

350 g Rotkraut

200 g Yambohnenwurzel

1 Grapefruit

1 kleine Handvoll Minzeblättchen

2 EL Limonenöl

4 EL Pekannüsse

Zeitbedarf
• 20 Minuten

So geht's

1. Die Knoblauchzehen abziehen und fein hacken. Chilis entkernen und ebenfalls fein hacken. Zusammen mit Essig, Sojasauce, Zucker und 40 ml Wasser mit einem Schneebesen zu einer Vinaigrette verrühren oder in einem Schraubglas gut durchschütteln.

2. Das Rotkraut ganz fein hobeln. Das geht am besten mit einer Mandoline oder einem verstellbaren Hobel. Die Yambohnenwurzel zunächst in dünne Scheiben, diese dann in Stifte schneiden. Die Grapefruit schälen, die weiße Haut entfernen und die Filets heraustrennen. Die Minzeblättchen in feine Streifen schneiden.

3. Rotkraut, Yambohnenwurzel, Grapefruit und Minze mit der Hälfte des Dressings sowie dem Limonenöl überträufeln und mit der Hand gut durchmischen. Kurz durchziehen lassen.

4. Inzwischen die Pekannüsse grob hacken, in einer Pfanne ohne Öl ganz leicht anschwitzen, aber nicht bräunen.

5. Den Salat noch einmal durchmischen, evtl. noch etwas Dressing dazugeben – der Salat soll nicht schwimmen – und vor dem Servieren mit den Nüssen bestreuen.

Servieren Sie diesen Salat einmal als überraschendes Dessert.

YAMBOHNENWURZELN sind nicht im normalen Lebensmittelhandel, sondern nur im Asia-Laden zu bekommen. Und auch dort nicht immer. Das macht aber nichts: Sie können sie einfach durch grüne Äpfel wie z. B. Granny Smith ersetzen.

ORIENTALISCHER BROTSALAT
mit fruchtiger Orange

DIESER SÄTTIGENDE SALAT LEVANTINISCHEN URSPRPUNGS BRINGT IN DER DUNKLEN JAHRESZEIT FARBE AUF DEN TELLER.

Zutaten für 4 Portionen

4 mittelgroße Tomaten

1 rote Zwiebel

2 Orangen

3 Knoblauchzehen

250 g Fladenbrot

50 ml Olivenöl

2 EL Butter

1 TL Kreuzkümmel

1 TL Fenchelsamen

½ TL Chilipulver

1 Prise Cayennepfeffer

2 EL Weißweinessig

Saft von ½ Zitrone

1 TL Zucker

Pfeffer aus der Mühle, Salz

2 EL Naturjoghurt

5 Zweige Koriandergrün

5 Zweige Minze

Zeitbedarf
• 35 Minuten

So geht's

1. Tomaten waschen. Die Stielansätze und Kerne entfernen und das Fruchtfleisch grob würfeln. Die Zwiebel häuten und in Ringe schneiden. Die Orangen schälen – auch das Weiße muss weg – und in Würfel schneiden. Die Knoblauchzehen schälen und fein hacken.

2. Das Brot in Würfel von 2–3 cm Kantenlänge schneiden. Das Öl in einer großen Pfanne erhitzen. Ist es heiß (nicht rauchend!), die Butter darin zischend zerlassen. Hat sie sich aufgelöst, die Brotwürfel in die Pfanne geben. Mit Kreuzkümmel, Fenchel, Chili, Cayennepfeffer und dem gehackten Knoblauch würzen und unter ständigem Rühren anrösten, bis das Brot schön knusprig ist. Dabei darauf achten, dass die Gewürze nicht anbrennen. Mit einem Schaumlöffel die fertigen Brotwürfel aus der Pfanne heben und auf Küchenpapier etwas entfetten.

3. Aus Essig, Zitronensaft, Zucker, Pfeffer und Salz ein Dressing rühren. Dieses mit dem Joghurt mischen.

4. Von den Koriander- und Minzezweigen die Blätter abzupfen. Die Hälfte der Blätter in einer Schüssel mit Tomaten, Orangen, Zwiebeln und Brot mischen. Mit dem Joghurt-Dressing übergießen und durchmischen. Beim Anrichten die einzelnen Portionen mit den restlichen Kräutern bestreuen.

DAS IST *wirklich* WICHTIG

[a] GEZUCKERTES WASSER Geben Sie beim Waschen von Radicchio mindestens 2 EL Zucker ins Wasser. Das nimmt schon gleich einen guten Schwung an Bitterstoffen weg. Und am Ende können Sie damit wieder Süße sparen, die sonst für einen harmonischen Geschmack später hinzugegeben werden müsste.

RADICCHIOSALAT
mit Mandarinen und Käse

BITTER, SÜSS, WÜRZIG UND SÄUERLICH – DIESER SALAT BEDIENT EINE GANZE MENGE GESCHMACKSRICHTUNGEN UND IST AUCH NOCH RUCK, ZUCK GEMACHT.

Zutaten für 4 Portionen

50 g Cranberries

4 EL Wasser

2 EL Zucker

6 cl Johannisbeersirup

350 g Radicchio

4 Mandarinen

50 g Walnusskerne

1 EL Orangenmarmelade

1 EL Honigsenf

2 EL Essig
(z. B. „Samurai", siehe S. 11)

2 EL Weißwein

3 EL Walnussöl

2 EL Traubenkernöl

Salz, Pfeffer aus der Mühle

60 g Parmesan

4 – 5 Stängel Kerbel

Zeitbedarf
• 20 Minuten

So geht's

1. Die Cranberries in Wasser, Zucker und Johannisbeersirup aufkochen, 3 Minuten köcheln lassen und den Topf vom Herd nehmen.

2. Den Radicchio putzen, den Strunk abschneiden, die einzelnen Blätter ablösen und größere Blätter grob zerpflücken. In leicht gezuckertem Wasser waschen [→ a] und abtropfen lassen.

3. Mandarinen schälen, dabei so viel Weißes wie möglich entfernen und in Schnitze teilen. Walnüsse grob hacken.

4. Für die Vinaigrette die Orangenmarmelade mit Senf, Essig und Weißwein mit einem Schneebesen in einer Schüssel gut verrühren. Die Öle nacheinander in feinem Strahl einfließen lassen und gut unterschlagen. Mit Salz und Pfeffer würzen.

5. Radicchio und Mandarinenschnitze in 4 kleine Schalen geben, mit dem Dressing beträufeln und mit den gehackten Walnüssen bestreuen. Die Cranberries abgießen und über den Salat geben.

6. Mit einem Trüffelhobel oder einem Sparschäler den Parmesan in sehr feinen Scheibchen darüberhobeln. Kerbelblättchen von den Stängeln zupfen, grob hacken und über den Salat streuen.

Reichen Sie ein wenig Toastbrot dazu.

PARMESAN Grana Padano ist in diesem Fall besser geeignet als Parmigiano Reggiano. Er ist fruchtiger und cremiger und unterstützt das Aroma somit nachhaltiger als sein eigentlich hochwertigeres, gereifteres, aber eben auch trockeneres Pendant.

BIRNENSALAT
mit Sesam-Putensticks

SAFTIGE BIRNE TRIFFT SAFTIGES FLEISCH. UND DAMIT DIE ZÄHNE AUCH NOCH ETWAS ZU TUN HABEN, BEKOMMT DAS FLEISCH EINE KNACKIGE HÜLLE.

Zutaten für 4 Portionen

300 g Putenbrust

½ TL Fenchelsamen

½ TL Koriandersamen

1 TL geröstetes Sesamöl

1 EL Sojasauce

1 TL Honigsenf

4 reife Birnen

Saft von 1 Zitrone

100 ml Birnensaft

50 g Walnüsse

1 Kopf Lollo rosso

2 EL Olivenöl, 2 EL Walnussöl

2 EL dunkler Balsamico

Salz, Pfeffer aus der Mühle

Öl zum Ausbacken

1 EL Honig, 2 EL Sesamsamen

besonderes Werkzeug
• Schaschlikspieße aus Holz

Zeitbedarf
• 40 Minuten

So geht's

1. Aus der Putenbrust 8 längliche Streifen von ca. 3 cm Breite schneiden. Fenchel- und Koriandersamen im Mörser zerkleinern. In einer Schüssel die zerstoßenen Samen mit Sesamöl, Sojasauce und Honigsenf mischen und die Putenstreifen darin marinieren.

2. Die Birnen schälen, vierteln und entkernen. Die Viertel nochmals längs halbieren, sodass jede Birne acht Spalten ergibt. Mit Zitronensaft beträufeln.

3. In einer großen Pfanne den Birnensaft erhitzen und die Birnen darin maximal 2 Minuten dünsten [→ a], dabei zwischendurch einmal wenden. Vorsichtig herausnehmen und auf einem Teller abkühlen lassen. Den Saft bei guter Hitze eindicken lassen, bis er eine fast sirupartige Konsistenz angenommen hat. Die Pfanne vom Herd ziehen und die Walnüsse – halbiert oder geviertelt – darin für 1 Minute einweichen lassen. Herausnehmen und in ein Schälchen füllen.

4. Den Lollo rosso waschen, putzen und trocken schleudern. Auf 4 Teller verteilen. Aus beiden Ölsorten, dem Essig, Salz und Pfeffer eine kräftige, aromatische Vinaigrette rühren.

5. Die Putenstreifen auf Holzspieße stecken. Sesamsamen auf einen flachen Teller streuen. In einer Fritteuse oder in einem mit genügend Öl gefüllten Topf das Fleisch bei 180 °C kurz ausbacken [→ b]. Herausnehmen, mit Honig bestreichen und im Sesam wälzen.

6. Die Birnenspalten auf dem Lollo rosso verteilen, darüber die Walnüsse geben und alles mit dem eingedickten Birnensaft beträufeln. Jeweils zwei Putensticks dazulegen.

[b]

DAS IST *wirklich* WICHTIG

[a] BIRNEN DÜNSTEN Der Reife-grad der Birnen entscheidet darüber, wie lange sie in der Pfanne bleiben. Sind sie bereits saftig triefend beim Schälen, reicht 1 Minute aus. Sind sie noch eher fest, testen Sie nach 2 Minuten, ob sie durch das Köcheln schon weich geworden sind. Als geschmacklich beste Sorten eignen sich Williams Christ, Alexander Lucas und Abate Fetel.

[b] AUSREICHEND ÖL Damit das Fleisch gleichmäßig gart, muss es in voller Länge komplett im heißen Öl eintauchen können. Daher eine große Pfanne verwenden – sonst sind die Holzspieße im Weg – und nicht am Öl sparen oder gleich eine Fritteuse benutzen. 2 Minuten im Öl werden genügen: Wenn das Fleisch außen beginnt, kross zu werden, ist es innen noch schön saftig.

DIE SPIESSE MÜSSEN IM HEISSEN ÖL SCHWIMMEN.

127

BESTE RESTE
Salate fürs Büro

WEM PASSIERT DAS NICHT: ZU VIEL GEKOCHT – WAS TUN MIT DEN RESTEN? DENN DIE SIND IN DER KÜCHE NOCH LANGE KEIN ABFALL. AUCH HIER SIND SALATE PERFEKT, UND SO ZAUBERT MAN SCHNELL EIN ETWAS ANDERES FRÜHSTÜCK ODER EIN KLEINES MITTAGESSEN FÜRS BÜRO.

DIE AUSGANGSBASIS

Nur bereits angemachte Blattsalate können und dürfen hier nicht mehr mitspielen – die sind am nächsten Tag wirklich nicht mehr genießbar. Aber fast alles andere geht: Sämtliche Fleisch- und alle Gemüsesorten sind geeignet. Aber auch Fisch: Die oft noch gängige Regel, dass Fisch am nächsten Tag nicht mehr verwertbar sei, rührt aus Zeiten, in denen Kühlmöglichkeiten noch Luxus waren. Sollte also ein Stückchen Lachs übrig sein – gerne! Und natürlich sämtliche Beilagen: Reis, Nudeln, Kartoffeln – alles potenzielle Mitspieler.

DIE VERMITTLER

Und nun braucht es nur noch ein paar einfache Dinge, um aus den Resten etwas geschmackvoll Neues zu machen. Wie so oft spielen hier Öl, Senf, Essig, Kräuter und Gewürze die Hauptrollen. Eine gebratene Hühnerbrust oder anderes Fleisch schneiden Sie in Würfel oder Streifen und vermengen diese mit einer Portion Reis, Nudeln oder Kartoffeln. Haben Sie noch etwas Sojasauce? Gut! Diese vermischen Sie mit etwas Sesamöl, wenig Essig, ein paar abgezupften Thymianblättchen, Pfeffer, Paprikapulver und einem eher süßeren Senf. Ein Löffelchen Schmand dazu schadet auch nicht. Und so haben Sie in Nullkommanix einen tollen Hühnchensalat.

GANZ SCHNELL

Manchmal müssen Sie noch weniger tun für den Genuss am nächsten Tag. Sie werfen Pasta und Gemüse in eine Schüssel, drücken eine Zitrone oder Limette darüber aus, streuen Currypulver oder eine Gewürzmischung wie Tajine drauf, mischen das gut durch und schmecken es mit Salz und Pfeffer ab – fertig! Sollte es noch ein bisschen klemmen, so machen Sie es mit einem Tropfen Olivenöl geschmeidig.

BUNTER HERBSTSALAT
mit Trauben und Kastanien

DIE HERBSTZEIT IST BUNT, DEFTIG UND HOCHAROMATISCH. WAS JETZT REIFT, KONNTE LANGE GESCHMACK ENTWICKELN – DAVON LEBT DIESER SALAT.

Zutaten für 4 Portionen

- 2 Schalotten
- 200 g Rote Bete
- 2 EL Olivenöl
- 2 EL Kastanienhonig
- 1 EL Balsamico-Essig
- 80 ml Rotwein
- Salz, Pfeffer aus der Mühle
- 200 g Hokkaido-Kürbis
- 50 g Petersilienwurzel
- je 1 Apfel, Birne, Quitte
- 200 g küchenfertige Esskastanien
- 3 EL Zucker
- 200 ml aromatischer Weißwein
- 150 g kernlose Trauben
- Saft von 1 Zitrone
- 1 EL Ahornsirup
- 1 EL Cassis-Sirup

Zeitbedarf
- 35 Minuten +
  30 Minuten dünsten

So geht's

1. Die Schalotten abziehen und in Streifen schneiden. Rote Bete schälen und würfeln oder in Stifte schneiden. Olivenöl in einem Töpfchen erhitzen, darin die Schalotten kurz glasig werden lassen. Den Kastanienhonig dazugeben, kurz einziehen lassen und mit Essig und Wein ablöschen. Nun auch die Rote Bete hinzufügen. Salzen, pfeffern und offen für 30 Minuten bei mittlerer Hitze einköcheln lassen. Bei Bedarf noch etwas Rotwein zugeben.

2. Den Kürbis würfeln oder in Stifte schneiden. Petersilienwurzel schälen und in dünne Scheiben schneiden. Birne, Apfel und Quitte schälen, entkernen und in feine Spalten schneiden. Die küchenfertigen Esskastanien erhitzen.

3. In einer Pfanne den Zucker leicht karamellisieren lassen und mit Weißwein ablöschen. Darin Kürbis, Birne, Apfel und Quitte 2 Minuten leise köcheln lassen. Petersilienwurzel und Esskastanien hinzugeben und weitere 2–3 Minuten köcheln.

4. Die Tafeltrauben halbieren. Zitronensaft mit Ahorn- und Cassis-Sirup vermischen, mit Salz und Pfeffer abschmecken.

5. Alles vorbereitete Obst und Gemüse in einer Schüssel mischen, mit dem Dressing übergießen und auf 4 Teller portionieren.

ESSKASTANIEN bekommt man vorgegart und vakuumiert als französische Ware in vielen Supermärkten. Sie schmecken besser als die Ware aus der Dose. Sie können die Maronen auch selbst garen: Über Kreuz einschneiden, 20 Minuten in Salzwasser weich kochen und dann schälen.

APFEL-FENCHEL-SALAT
mit Räucherlachs

FAST FOOD AT ITS BEST: SCHNELL FERTIG, GESUND UND EIN GANZ BESONDERES GESCHMACKSERLEBNIS. GENAU DAS RICHTIGE, WENN DER KLEINE HUNGER KOMMT.

Zutaten für 4 Portionen

2 Knollen Fenchel

2 Granny-Smith-Äpfel

Saft von 2 Zitronen

4 EL Olivenöl

Salz

Pfeffer aus der Mühle

15 Wacholderbeeren

200 g Räucherlachs

besonderes Werkzeug
· Mandoline oder Gourmethobel

Zeitbedarf
· 20 Minuten

So geht's

1. Vom Fenchel den Boden abschneiden und etwaige braune Stellen entfernen. Das Fenchelgrün hacken und beiseite stellen.

2. Die Äpfel entkernen, aber nicht schälen. Fenchel und Äpfel mit einer Mandoline oder einem Gourmethobel in möglichst dünne Scheibchen hobeln. Mit Zitronensaft, Olivenöl, Salz und Pfeffer mischen.

3. Die Wacholderbeeren zunächst mit der breiten Seite eines Kochmessers zerstoßen, dann fein hacken. Zum Salat geben und ein paar Minuten durchziehen lassen.

4. Mit dem gehackten Fenchelkraut bestreuen und mit Räucherlachs servieren.

Die Variante

Süßer Sommersalat
Statt Granny Smith reife Sommeräpfel verwenden. Aus 5 EL Orangensaft, 4 EL Olivenöl, 1 EL Honig sowie Salz und Pfeffer ein Dressing rühren. Mit Apfel- und Fenchelscheiben mischen und statt der Wacholderbeeren 2 EL gehackte Sultaninen untermischen. Der Räucherlachs passt immer noch gut dazu.

GESUNDER FENCHEL Nutzen Sie die heilpflanzlichen Wirkungen des Fenchel ganz nebenbei. Fenchel wirkt positiv bei Erkältungskrankheiten und gleicht Magen- und Darmstörungen aus. Auch die Samen der Pflanze besitzen heilende Eigenschaften.

HERBSTLICHER FELDSALAT
mit Steinpilzen und Kalbsleber

EIN KLASSISCHES GERICHT, DAS AM BESTEN IM OKTOBER FUNKTIONIERT:
DA TREFFEN DIE LETZTEN STEINPILZE AUF DEN ERSTEN FRISCHEN FELDSALAT.

Zutaten für 4 Portionen

150 g vorgegarte Rote Bete

2 EL Johannisbeer-Essig

6 EL Sonnenblumenöl

Salz, Pfeffer aus der Mühle

Zucker

150 g Feldsalat

50 g Pinienkerne

2 EL Essig

50 ml Geflügelfond

1 EL Orangensaft

150 g frische Steinpilze

4 Scheiben Kalbsleber

Mehl zum Wenden

2 EL Butterschmalz

2 Knoblauchzehen

3 kleine Zweige Thymian

1 kleiner Zweig Rosmarin

1 EL Butter

Zeitbedarf
• 35 Minuten +
  10 Minuten garen

So geht's

1. Die Rote Bete schälen und in Stifte schneiden. Johannisbeer-Essig mit 2 EL Sonnenblumenöl verrühren und mit Salz, Pfeffer und Zucker abschmecken. Damit die Rote Bete beträufeln.

2. Feldsalat putzen und waschen [→ a]. Pinienkerne in einer Pfanne ohne Öl ganz leicht anschwitzen lassen, aber nicht bräunen oder gar rösten. Auf einem Teller abkühlen lassen.

3. Essig, Geflügelfond, Orangensaft und die Pinienkerne in einem hohen Messbecher mit dem Stabmixer sämig pürieren. Mit Zucker, Salz und Pfeffer abschmecken. Den Backofen auf 80 °C (Umluft 60 °C) vorheizen.

4. Steinpilze reinigen und in dünne Scheiben schneiden.

5. Die Leberscheiben unter fließendem Wasser abspülen, dabei Häute, Fett und Adern entfernen. Trocken tupfen und in Mehl wenden. In einer Pfanne Butterschmalz erhitzen, angedrückte Knoblauchzehen, Thymian und Rosmarin dazugeben und die Lebern darin von beiden Seiten je 2–3 Minuten anbraten [→ b]. Auf eine Platte legen und im Backofen warm halten.

6. Die Butter in der noch heißen Pfanne schmelzen und darin die Steinpilze andünsten.

7. Rote Bete abgießen. Mit dem Feldsalat auf 4 Tellern anrichten und mit dem pürierten Dressing überziehen. Kalbsleberscheiben zum Salat legen, darauf die Steinpilze und erst jetzt Leber und Pilze salzen und pfeffern.

Dazu schmeckt leicht getoastetes Ciabatta-Brot.

DAS IST *wirklich* WICHTIG

[a] FELDSALAT PUTZEN Zunächst die welken Blättchen und die Wurzeln entfernen. Danach ist vor allem beim kleinblättrigen, dunkelgrünen Feldsalat aus dem Freiland gründliches, mehrmaliges Waschen unverzichtbar, um alle Steinchen und Sandreste zu entfernen.

[b] LEBER BRATEN Achten Sie darauf, dass die Leberscheiben in der Pfanne ausreichend Platz haben und sich nicht berühren. Andernfalls tritt schnell Flüssigkeit aus und die Lebern schmoren mehr, als dass sie braten. Deshalb immer portionsweise in die Pfanne geben oder gleich zwei Pfannen verwenden.

DIE LEBER-SCHEIBEN DÜRFEN SICH NICHT BE-RÜHREN.

133

DAS IST *wirklich* WICHTIG

[a] **DAS SALZ** zieht nicht nur Wasser aus dem Rettich, sondern auch einen Teil der Schärfe. Das intensive Aroma, das von einem hohen Anteil an Senfölen herrührt, bleibt dabei erhalten. Alternativ kann man auch mit einer guten Prise Zucker kontern.

RETTICH-GURKEN-SALAT
mit Shiitake-Pilzen

EINE ETWAS UNGEWÖHNLICHE MISCHUNG, MÖCHTE MAN MEINEN, DOCH SIE
FUNKTIONIERT GANZ HERVORRAGEND ALS KLEINER MENÜAUFTAKT.

Zutaten für 4 Portionen

200 g Rettich

Salz

200 g Shiitake-Pilze

1 Schalotte

1 Knoblauchzehe

30 g magerer, geräucherter Speck

1 EL Olivenöl

1 EL Butter

3–4 Stängel Blattpetersilie

Pfeffer aus der Mühle

1 Gärtnergurke

8 Cocktailtomaten

100 g Naturjoghurt

2 EL weißer Balsamico-Essig

2 Zweige Dill

Zeitbedarf
- 20 Minuten +
  30 Minuten ruhen

So geht's

1. Den Rettich auf einer Reibe in feine Stifte reiben. Mit Salz bestreuen, kurz umrühren und für ½ Stunde stehen lassen [→ a].

2. Die Pilze bei Bedarf mit einem trockenen Tuch reinigen. In mundgerechte Stücke schneiden. Schalotte abziehen und fein würfeln. Knoblauchzehe ebenfalls schälen und fein hacken. Den Speck in kleine Streifen schneiden.

3. In einer Pfanne das Olivenöl erhitzen und darin die Butter zerlassen. Zuerst den Speck, dann die Schalotte und den Knoblauch andünsten, bis die Schalotten glasig sind. Nun die Pilze hinzugeben und 3–4 Minuten dünsten.

4. Die Petersilienblättchen von den Stängeln zupfen und hacken. Mit in die Pfanne geben, durchmischen und von der Herdplatte ziehen. Mit Salz und Pfeffer abschmecken.

5. Die Gärtnergurke waschen und je nach Vorliebe schälen. Der Länge nach halbieren und die Kerne entfernen. Die Gurke nun in Halbringe schneiden. Cocktailtomaten waschen und halbieren.

6. Den Joghurt mit dem Essig verrühren und mit Salz und Pfeffer abschmecken. Dill fein hacken und zum Joghurtdressing geben.

7. Der Rettich hat inzwischen ausreichend Wasser gezogen. Dieses abschütten, den Rettich leicht auspressen, mit Gurken und Cocktailtomaten mischen und das Dressing unterheben. Auf 4 Teller verteilen, die Pilze daraufgeben.

Die Variante

Radieschensalat mit Pfifferlingen

1 Bund Radieschen waschen, putzen, in Scheibchen schneiden und salzen. 250 g Pfifferlinge putzen und etwas kleiner schneiden. In einer Pfanne mit 1 EL Öl, 1 EL Butter 1 gehackten Schalotte und 1 gehackten Knoblauchzehe 5–7 Minuten andünsten und leicht abkühlen lassen. 50 g luftgetrockneten Schinken in Streifen schneiden. Radieschen in einer Schüssel mit den Pfifferlingen und dem Schinken mischen. Mit 3 EL bestem Olivenöl, Salz, Pfeffer, ½ Bund in Röllchen geschnittenem Schnittlauch sowie 3 EL kräftigem Essig würzen.

ENDIVIENSALAT
mit Walnüssen und Ziegenkäse

ENDIVIENSALAT IST NOTORISCH UNTERSCHÄTZT. DABEI LASSEN SICH MIT SEINER LEICHTEN BITTERKEIT WUNDERBARE KULINARISCHE TÜREN ÖFFNEN.

Zutaten für 4 Portionen

1 Handvoll Walnusshälften

100 ml Walnussöl

1 Kopf Endiviensalat

2 Kolben Chicorée

1 Karotte

3 TL Weißweinessig

Salz

300 g Montrachet-Ziegenkäse-Rolle

1 Baguette

Zeitbedarf

- 20 Minuten +
  30 Minuten ziehen lassen

So geht's

1. Die Walnusshälften für 30 Minuten in einer Schüssel im Walnussöl einweichen. Den Backofen auf 220 °C (Umluft 200 °C) vorheizen.

2. Den Endivienkopf in Blätter zerteilen, diese etwas kleiner zupfen, waschen und trocken schleudern. Chicoréekolben vom Strunk befreien und dann quer in Streifen schneiden. Die Karotte schälen und fein raspeln.

3. Essig und Salz vermischen, in das Öl mit den Walnüssen gießen und gut durchrühren. Die Endivienblätter in diesem Dressing wälzen, herausnehmen und auf 4 Teller verteilen. Darauf die Chicorée-streifen streuen, damit diese sich ebenfalls ein wenig mit dem Dressing vollsaugen.

4. Den Ziegenkäse in 8 Scheiben schneiden. Vom Baguette 8 Scheiben von 2 ½ cm Dicke schneiden. Baguettescheiben auf ein Blech legen, im heißen Ofen in 3 Minuten leicht toasten, wenden und auch die zweite Seite 3 Minuten toasten. Dann die Baguettescheiben mit je einer Scheibe Ziegenkäse belegen und zum leichten Bräunen noch einmal kurz in den Ofen schieben.

5. Jeder Teller Salat wird zum Servieren mit zwei Ziegenkäse-Baguettes belegt. Als Dekoration sprenkeln Sie Karottenraspeln darüber.

MONTRACHET-ZIEGENKÄSE ist wie gemacht für dieses Gericht, denn er ist geschmacksintensiv und zu einer Rolle geformt, die sich für die Baguette-scheiben besonders gut portionieren lässt. Aber auch andere Sorten aus dem großen Angebot verschiedener Ziegenkäse können Sie für dieses Gericht verwenden.

WALDPILZSALAT
mit Apfelmostdressing

DER HERBST VERWÖHNT UNS MIT AROMATISCHEN PILZEN. SELBST GESAMMELT ODER VOM GEMÜSEHÄNDLER MACHEN SIE SICH IN DIESEM SALAT BESONDERS GUT.

Zutaten für 4 Portionen

800 g Waldpilze

2 Schalotten

2 Knoblauchzehen

80 g geräucher Bauchspeck

2 Tomaten

1 EL Olivenöl

Salz

Pfeffer aus der Mühle

3 EL Balsamico-Essig

4 EL Apfelmost

etwas Blattsalat

Zeitbedarf
• 25 Minuten

So geht's

1. Die Waldpilze – z.B. Pfifferlinge, Braunkappen, Steinpilze, Steinchampignons – mit einem Pinsel oder mit dem Küchentuch säubern, nicht in Wasser waschen. In mundgerechte Stücke schneiden.

2. Schalotten und Knoblauchzehen abziehen und fein hacken. Bauchspeck würfeln. Tomaten waschen, vom Stielansatz befreien und klein würfeln.

3. In einer Pfanne das Olivenöl erhitzen und den Speck darin auslassen. Nach 2 Minuten Schalotten und Knoblauch hinzugeben. In dieser Reihenfolge wird der Speck schön kross, während Schalotten und Knoblauch glasig angehen. Jetzt kommen die Pilze hinzu, die ebenfalls nur angedünstet werden. Salzen und pfeffern.

4. Pilze mit einem Schaumlöffel aus der Pfanne heben und in einen großen Teller oder eine Schüssel geben.

5. Nun die Tomaten in die Pfanne geben und in der verbliebenen Flüssigkeit 3–4 Minuten andünsten. Mit Balsamico und Apfelmost ablöschen und etwas einreduzieren lassen. Den Pfanneninhalt mit den Pilzen mischen, durchziehen lassen und den Waldpilzsalat auf etwas Blattsalat anrichten.

SAFT STATT MOST Statt Apfelmost können Sie auch Apfelsaft verwenden, den Sie mit etwas Zitronensaft abschmecken, damit der Salat den gewissen säuerlichen Pfiff bekommt.

REZEPTREGISTER

THEMENREGISTER

LASSEN SIE SICH

Willkommen zu einer ganz neuen Frischeküche mit den **KOSMOS** *Kochbüchern.*

Rose Marie Donhauser
Draußen genießen
160 Seiten, 120 Abbildungen, €/D 19,95
ISBN 978-3-440-12588-5

Ob gemütlicher Brunch auf dem Balkon, Picknick im Grünen, Grillparty oder Sommerfest mit Freunden im Garten – es finden sich viele Anlässe, unter freiem Himmel zu schlemmen. Für alle Gelegenheiten hat Rose Marie Donhauser in ihrem Buch „Draußen genießen" die geeigneten kulinarischen Begleiter zusammengestellt. Alle Rezepte sind unkompliziert, gut vorzubereiten und immer stehen erntefrische Zutaten vom Wochenmarkt oder aus dem eigenen Garten im Mittelpunkt. Zusätzliche Tipps und Tricks für die Planung und Vorbereitung sorgen dafür, dass dem entspannten Genuss mit Familie und Freunden nichts im Wege steht.

VERFÜHREN!

ISBN 978-3-440-12590-8

ISBN 978-3-440-12593-9

ISBN 978-3-440-12687-5

ISBN 978-3-440-12247-1

ISBN 978-3-440-12246-4

ISBN 978-3-440-12248-8

→ Alle Titel je €/D 14,95

ISBN 978-3-440-13018-6

ISBN 978-3-440-12245-7

WIR ♥ KOCHEN

AKTEURE

Matthias F. Mangold, geborener Franke, angelernter Schwabe, gefühlter Kalifornier, hat, nach Münchner Zwischenjahren, seine Genussheimat in der Pfalz gefunden. Der Journalist, studierter Philosoph und Historiker, gründete 2003 sein Unternehmen „genusstur". In seinem 300 Jahre alten Anwesen veranstaltet er Kochkurse, Weinseminare und kulinarische Firmen-Incentives. Er ist Mitglied in vielen Verkostungsjurys, hat mehrere Kochbücher und Weinführer veröffentlicht und steht für eine bodenständige, aber überraschende Küche mit Ausflügen ins Mediterrane und Asiatische.

Alexander Walter ist sei über 20 Jahren selbstständiger Fotograf. Im Auftrag renommierter Verlage und internationaler Agenturen arbeitet er vor allem in den Bereichen Food, Stillife, People und Reportage. Der leidenschaftliche Gourmet und Hobbykoch war bei mehr als 50 Kochbüchern für die optische Umsetzung verantwortlich. Er lebt und arbeitet mitten im Grünen im schönsten bayerischen Oberland.

Sven Dittmann sammelte nach seiner klassischen Ausbildung zum Koch noch weitere 11 Jahre Erfahrungen und Eindrücke in renommierten Restaurants in Deutschland. Seit 2006 bringt er diese als freiberuflicher Foodstylist für Printmedien, Buchverlage und Werbeagenturen vor die Kamera.

Monica Liebetanz, diplomierte Modedesignerin, hat ihr Gespür für Gestaltung vom Bereich Mode auf Food, Home & Interior erweitert. So arrangiert sie für Fotos seit vielen Jahren schöne Dinge miteinander.

Maria Gilg unterstützte das Fototeam immer gut gelaunt mit ihrem Fleiß und ihren kreativen Ideen bei der Produktion.

IMPRESSUM

Mit 107 Farbfotos von Alexander Walter

Umschlaggestaltung von Gramisci Editorialdesign, München, unter Verwendung zweier Fotos von Alexander Walter

Rezepte, Geling-Tipps, Infos zum KOSMOS-Kochbuch-Programm und vieles mehr unter **gut-gekocht.de**

Unser gesamtes lieferbares Programm und viele weitere Informationen zu unseren Büchern, Spielen, Experimentierkästen, DVDs, Autoren und Aktivitäten finden Sie unter **kosmos.de**

Gedruckt auf chlorfrei gebleichtem Papier

© 2012, Franckh-Kosmos Verlags-GmbH & Co. KG, Stuttgart
Alle Rechte vorbehalten
ISBN 978-3-440-13131-2
Projektleitung und Lektorat: Claudia Salata
Gestaltungskonzept und Layout:
Gramisci Editorialdesign, München
Satz: Atelier Krohmer, Dettingen/Erms
Produktion: Eva Schmidt
Printed in Germany / Imprimé en Allemagne

MIX
Papier aus verantwortungsvollen Quellen
FSC® C004592
FSC www.fsc.org